D1641922

Rückgabe spätestens am		

FZ DIN 1500   ekz Best.-Nr. 806642.1

gedruckt mit freundlicher Unterstützung von:

Land Salzburg

Kultur (*Land* Salzburg

herausgegeben von:
arge region kultur
Raabserstr. 6 A-3580 Horn

edition federkreis

Umschlag und Transparentblätter: Gerd Allmayer, Niedernsill
Layout und Satz: Brigitte Niederseer, Maishofen
Druck: Streitberger, Zell am See
1. Auflage 2002

ISBN 3-9501623-0-5

achtstimmig

Heidrun Gruber
Gundi Egger
Martina Burgsteiner
Brigitte Niederseer
Rosi Hoffmann
Herta Wierer
Renate Langegger-Kröll
Gerlinde Allmayer

edition federkreis

Ganz am Anfang...

vor mittlerweile sieben Jahren, beim ersten Treffen schreibinteressierter Frauen in Taxenbach, sah ich in eine Runde wacher, interessierter Gesichter. Neugierde und Entdeckerlust, aber auch etwas Skepsis beherrschten die Stimmung.

Schnell kamen wir zur Sache: Mit einfachen Schreib-Impulsen aus der Creativ-Writing-Tradition ging es ans Verfassen der ersten Texte. Der Blick auf sich selbst und die Welt, Beziehungen, Humor, Lebensgeschichten, im Laufe der sich auf Jahre ausdehnenden gemeinsamen Schreibzeit fanden viele Themen ihren Platz.

Jede der Teilnehmerinnen hat ihre eigene, ganz unverwechselbare Schreib-Stimme entwickelt. Dies begleiten und mit inspirieren zu dürfen, hat mir große Freude bereitet. Im Schreiben liegen wundervolle Möglichkeiten: Zu sich selbst finden, seine Talente entfalten, verborgene Kräfte zur Sprache bringen... Ob Gedicht, Kurzgeschichte, Märchen, ob Schreiben zu Bildern, zu Musik, zu Texten, in jeder Form liegen neue Chancen. Zum Schöpfen aus der eigenen Biographie kommt die Lust am Erfinden und Gestalten.

Auch die Salzburger Autoren Roswitha Klaushofer und Christoph Janacs waren engagierte und kompetente Werkstättenleiter, sodass die Teilnehmerinnen von unterschiedlichen Zugängen zum Schreiben profitieren konnten.

Als ehemalige Leiterin und vor allem Begleiterin der Taxenbacher Schreibwerkstatt bin ich besonders stolz, dass die Gruppe nach der langen Zeit ihre Freude an der Sache keineswegs verloren hat und - sozusagen „flügge" geworden - nun ihr erstes Buch präsentiert.

Gudrun Seidenauer

Heidrun Gruber

aufgeträumt und nachtgedacht

Heidrun Gruber

aufgeträumt
und
nachtgedacht

Heidrun Gruber

verstrickt durch Beruf und Familie mit Niedernsill. Gibt im Schreiben dem Alltag Farbe, den Gefühlen Ausdruck und der Phantasie Raum.

morgenschlaf oder die geburt der unvernunft

von der morgendämmerung
noch umzingelt
nachtgestaltentrunken
niedergedrückt

    flattergeräusche im ohr
    im mund das schale grauen
    vor dem tag
    die augen geschlossen

warte ich
voll unvernunft
auf die chance
des zweiten morgengrauens

Bis zu mir

Aus dem Gleichschritt gehen
die Maske
aus dem Zeremoniell legen
die Verwundung aufdecken
und das Entsetzen
ins Gesicht schreiben
der Macht der Einheit entkommen
und der Angst allein zu stehen

Die Schultern senken
in der Wirrnis
Sicherheit finden
und die Irrgärten
der eigenen Gedankengänge
genießen

bis zum Grund

Die schwarze Frau

Ich tauche in rissige Nebelschwaden ein, und dunkle Schatten fliehen seitlich vor der Motorhaube meines Wagens und dem sich streuenden Licht der Scheinwerfer.

Die schwarze Frau am Straßenrand, die ich auch nicht mitnehmen würde im Auto... Strahlend erzählte ich die Geschichte, und Wochen später versuche ich verzweifelt zu erklären, dass mein Vater noch lebt, dass er von ihr nicht umgebracht wurde aus Rache, als sie, aus dem Nichts kommend, am Beifahrersitz saß, obwohl er sie nicht mitgenommen hatte. Ja, dass sie nicht einmal neben ihm gesessen ist, sondern er nur die Geschichte nacherzählt hat, wie Geschichten eben so die Runde machen, und er sie nie im Leben wirklich gesehen hat, also musste er ja noch leben. Aber sie stritten mit mir.

Inzwischen ist mein Vater gestorben, und ich habe ihn seitdem nur einmal kurz gesehen, im Traum, mitten im Marktgetümmel hat er mir, freudig überrascht, mich hier zu treffen, zugewunken, und ich, gerade als ich meinen Arm hochreißen wollte, um ihm zurück zu winken, habe mir gedacht, dass man Toten nicht einfach so zuwinkt.

Jetzt weiß ich, ich hätte es tun sollen, einfach so, ohne zu denken; vielleicht hätte er mir etwas gesagt, was er vorher nie über seine Lippen gebracht hätte, oder er wäre einfach so wieder verschwunden, verschluckt vom Getümmel des Markts, so wie die schwarze Frau damals im Dunkel.

In der Erzählung meines Vaters hat sie den Mann mit einem Messer erstochen, das hat man noch gefunden, von ihr jedoch keine Spur. Und sie stritten damals mit mir und erklärten mir, dass es ein Revolver gewesen sei, sogar ein ziemlich verrosteter, alter, der dann aber anscheinend doch funktioniert hat, und ich sage ihnen, es sei doch ein Messer gewesen und mein Vater habe nie einen Revolver besessen. Also war es doch mein Vater. Aber nur in der Geschichte, und auch nicht mein Vater, meine ich.

Doch die Geschichte ist schon zu oft erzählt worden, und so kann ich sie nicht ändern. Da mein Vater damals wirklich noch gelebt und weder ein Messer, noch einen Revolver im Auto gehabt hat, auch nicht im Kofferraum, und er die schwarze Frau ja nie wirklich gesehen hat, muss er also damals gestorben sein.

Obwohl ich mich immer wieder bemühe, diesen Traum auf meiner Nachtreise noch einmal zu finden und meinem Vater dann, ohne lange zu überlegen, doch zuzuwinken, gelingt es mir nicht und ich denke, vielleicht hat ihn doch nicht das Wasser umgebracht, dann, später, weit weg, sondern die Geschichte von der schwarzen Frau, denn sie stritten so heftig mit mir, dass sie mich doch noch überzeugt hätten, wäre er nicht noch am Leben gewesen, damals.

Und ob es nun ein Revolver oder ein Messer gewesen ist, versichern sie mir noch, sei ja wirklich eine unnotwendige Haarspalterei; überhaupt, wo er jetzt doch endgültig tot ist, denke ich mir heute, mitten in die Nebelschwaden hinein, und ich ihn nicht einmal mehr im Traum wiederfinde.

Innenleben

Ich bin eine Frau
bin Chinesin
ein chinesischer Dämon mit vielen Gesichtern...

Mit meinem rubinroten Zepter
werfe ich Männer den Löwen zum Fraß vor
und meine diamantenbesetzte Halskrause
verwehrt mir den Blick auf sie

Mein Kopfschütteln vertreibt ihre Schreie
und das Stampfen des Drachen
übertönt das Rauschen meines Blutes

Die Schlangen ringeln sich in der Schale
und der Feuerschlucker wärmt meine Seele
denn die Kinder mit den starren Masken
habe ich verjagt

Unter dem Trommelwirbel flohen sie
ohne Lohn auf ihren Gummibeinen
und suchten einen anderen Palast
mit einer Herrin aus Fleisch und mit sanften Gebärden
wo man aus den goldenen Kelchen
Wein trinkt und Brot dazu bricht
und die Zimbeln der Mönche nicht Angst verbreiten

Der Akrobat steht am obersten Sessel
und auf mein Zeichen
fällt alles in sich zusammen

Dem Brotteig fehlt plötzlich Salz
und die Liebe ist Pflicht
die Fenster sind trüb
und die Rechnungen alle bezahlt

Wieder beginnt ein neuer Tag
und ich weiß nicht
wer im Abendrot aus mir herausleuchten wird

Der Hofnarr

Am Abend sitze ich vor dem Feuer, und die Flammen erzählen meiner Seele ihr Lied: Von Drachen und Rittern, von Männern und Wein.
Hell tönt der Burgfräulein Lachen, und der Hofnarr sitzt auf den Stufen zum Thron.
Es ist kalt hier inmitten der wilden Schar, und ich leg noch ein Scheit auf das Feuer.
Wilde Zacken tanzen rot an den Wänden und spiegeln die Augen des Herrn. Seine Hand hält den schweren Becher ruhig, obwohl ihn die Unrast erzittern lässt, und sein Blick schwarz durch die Runde geht.
Die Flammen ziehen sich zurück, und ich lege noch nach, denn es wird kälter.
Das Lachen und Toben will lauter noch werden, denn nun spürt es jeder, es kriecht dort hervor, wallt um den steinernen Thron. Hinter der hohen Stirn blitzt es so grell, und die Hand hält nur noch mühsam den Becher umklammert.
Licht machen will ich, doch der Narr legt sich bleich vor die Glut und starrt in das Rot, um das Blut nicht zu sehen, das nun fließt, und die Hand doch nicht ruhiger macht.
Das Lachen ist aus, und der Becher kippt um, das weiße Gewand färbt sich rot.
Fest in den Mantel gewickelt liegt alles nieder, nur der Hofnarr bewacht noch zu Füßen des Throns seinen Herrn, doch keiner beachtet die sterbende Glut.

Die Waage

In das Lachen mischen sich Tränen

und die Waage bringt das Leben ins Lot
denn in das Weinen stiehlt sich ein Lächeln

wie die erste Fackel ins letzte Abendrot

zwischenräume
zugenagelt

keine halbtöne
mehr erlaubt

alles in die waagschalen
geworfen

stehe ich selbst
            zwischen
dir und mir

Du

Im Schlaf
wenn ich dich nicht berühre
bist du mir manche Nacht ein Fremder

Wer wärst du
würd ich dich heute neu entdecken
die Gedanken hinter deiner Brille
und deine Träume hinter deinem Tag

Träume

Ich möchte dich
mit brauner Erdfarbe bemalen
mit geheimen Zeichen deine Haut bedecken
und zusehen
wie deine Füße den Erdentanz stampfen
und dein
Lendenschurz mein feuriges Farbenkleid schürt

Zeit

Die Zeit huscht vorbei
an meinem Leben
wie eine verschreckte Eidechse

Manchmal nur gelingt es mir
sie mit einem Sonnenstrahl
an einen warmen Stein zu bannen

Herbstfrüchte

Manchmal fallen Wörter
wie goldene Blätter
satt aufs Papier
fließt Melodie wie ein alter Traum
über runde Steine
sonnenbeschienen

Doch manchmal reißt der Herbstwind
grausam meine Gedanken
aus der Tiefe
bricht der Rhythmus sich
Wörter zurecht
krampft bäumt und wehrt sich
gegen die Kälte des Weiß

Und die Nacktheit meiner Welt
fürchtet geboren zu werden
schimmert nur sanft
wie eine bloße Kastanie unterm Laub
und sehnt sich doch
von warmen Händen
gefunden zu werden

Aquarell

Bootshäuser halten
ihre Beine ins Wasser
wie müde Wanderer

leise hingeduckt
den Absprung in die Tiefe
schon überlegend

halten sie im Braun
ihre Flügel über die
Boote gebreitet

Der Geruch schon morsch
warten sie auf den vielleicht
erlösenden Sturm

und halten nur noch
die bizarre Idylle
dem Maler aufrecht

der sich hier hinsetzt
um ihrer Zerbrechlichkeit
Farben zu geben

Mandala II

    verwoben die Erinnerung
      mit irischen Akkorden
          in pfeifendem Wind vergessen die wehenden Haare
                          über den Klippen
                          und die Zeichen
verbunden den Elementen
  und der Mitte des Waldes
      in befreiendem Tanz verborgen die Wege
                      und überliefert von weit
                      unter der Haut
      verwurzelt die Frauen
        in weiten Röcken
    und der Auflehnung verwirrt von der Angst
                      der Männer und
                      dem Eigensinn der Macht
      verfolgt vom Schwarz
            der Augen und
   dem Schreien der Feuer verurteilt nur wegen Frausein
                      und uraltem Wissen
                      im Kreis
    versteckt immer wieder
wegen der Liebe zu Kindern
und der Angst vor sich selbst verwoben die Erinnerung
                      mit Leid und verdammt
                      ich will trotzdem

Mandala III

endloses Fließen
gefangen im Knoten
geschützt durch den Kreis   der Kreis
ohne Anfang
im Immerrund
immerrund auch
verwoben zum Muster
im endlosen Knoten   im Knoten
verfolgt das Auge
den Anfang
der Anfang
entschwindet den Gedanken
weiter im Muster   das Muster
ein mystisches Rätsel
dem Auge
das Auge
verwirrt durch die Bahnen
lenkt die Gedanken   die Gedanken
durch das Fließen
verloren im Rätsel
das Rätsel
übergibt sich dem Kreis
und den Bahnen   die Bahnen
schaffen das Immerrund
endlosen Fließens

Lebensfäden

Mit dem Goldfaden
knüpfe ich Kostbarkeiten
an Rosenblüten

                    Der Purpurfaden
                steckt Perlen in mein Leben
                    statt Vergissmeinnicht

Der Silberfaden
bindet meine Kraft an mich
wie Distelkletten

                    Der Zauberfaden
                löst alte Knoten in mir
                    wie kühlender Tau

Der Spinne Fäden
setzen meine Lieben frei
zur Morgenblüte

                    Der Engel Fäden
                hängen Lichter in mein Ich
                    zart wie Blütenstaub

Die Lebensfäden
knüpfen unser Selbst ans Sein
unabänderlich

Ohne Ende

die Nichtgestalt abwaschen
und Tropfengefühle leben

mir in Flammen entkommen
und im Chaos keimen lassen
was in meinen Farben blüht

und dem Täglichen enthoben
der Liebe große Flügel zugestehen

Immer wieder

eine Spur ziehen
am Wasser
in der Morgendämmerung
unberührt
und
nackt
mit dem letzten Stern
am Horizont
ein neues Ich tanzen

Immer noch

mit einem Fuß
am Boden
statt auf dem Einrad
jubelnd die Arme
in die Höhe zu werfen

Ich

Satte
wogende Weiblichkeit
und
fröhliche Fruchtbarkeit der
Liebe
möchte ich sein
und
leuchten
wie der Strahlenkranz
goldener Blütenblätter
einer

Sonnenblume

Türkisblau der Ozean

Die Wiege der Menschheit
erträumt aus der Liebe
tausende Bilder gespiegelt am Grund
und glasklare Tränen der Geschichte
gesammelt bis zum Rand
im Versuch
ein Universum des Menschen zu schaffen

Im Blau des Himmels
eines Tages vielleicht
spiegelt das Türkis
in all seiner Tiefe
die Weite
der Herzen

Gundi Egger

Jahrgang 1959, Stuhlfelden, Mutter, Steuersachbearbeiterin. Mit dem Schreiben versucht sie ihr Gedankenchaos auf Papier fest zu halten oder unter einer Datei abzuspeichern.

Hände leben

Wachsfarbene Händchen
gefaltet zum Gebet
Totenvogel flieg

Kinderhände wollen spielen
schwer lastet die Sense
der Hände Frohsinn ist Arbeit

Mädchenhände halten fest
bewegen sich im Takt
der Krieg ist Nichttänzer

Frauenhände weinen
leblos das Kind
der Tod lässt sich nicht zweimal betrügen

Mutterhände hart und schwielig
sind bei der Suche nach Liebe
leer ausgegangen

Alte Hände schmerzend und steif
keine Schoßlieger
möchte mein Gesicht hineinlegen

Der Wunschschreiber

Schreiben
gegen jede Vernunft
Staunen in die Augen wünschen
zwischen Zeilen
den Schlafsack auspacken
Sorgen ins Lagerfeuer werfen
und
Geschichten in die Asche
schreiben

Karoline

Die Kühle des Bettlakens kriecht Karoline ins Herz. Das Lächeln der Frau kann sie nicht täuschen.
Heute kommen sie, um ihre Träume zu stehlen.

Karoline wartet schon so lange. Schwerfällig humpelt sie neben dem Briefträger her. Ihre „Tapser" reißen Wunden in die regenschwere Erde. „Na, Karoline, ein Brief für dich?" Karoline grinst Josef vertrauensvoll an. Ihr Kopf federt auf und ab, immer schneller, so dass man froh sein muss, dass er am Hals befestigt ist.

Josef, der Briefträger, in dessen Gesicht Fröhlichkeit wohnt, freut sich mit Karoline. „Schreibst mir aber schon eine Karte, Lini?" Karolines Mund verrutscht zu einem lachenden Sonnenstrahl. Wörter formen sich im Mund, rollen über die Zunge und kommen doch nicht ans Ziel. Josef versteht auch ohne Worte.

Die Mutter reißt den Brief hastig auf. Jetzt steht es fest, amtlich fest, ihre Lini darf auf Erholung fahren. Endlich wird einmal etwas für uns getan. Er ist schon recht, der neue Mann. Er hält sein Versprechen, er tut was für die kleinen Leute.

Die Frau berührt Karolines Hand. „Du musst keine Angst haben."
Ihre Hand erinnert an eine Kröte voller Warzen. Karoline windet sich aus ihrer Berührung, aber ein starker Gurt hält sie fest.

„Platz bitte machen. Fußgänger die für nicht ist Straße die!" Karoline springt zur Seite. Rückwärts kommt ein Auto auf sie zu. Menschen bewegen sich rückwärts auf dem Gehsteig. Lachende Kinder hopsen rückwärts auf der Wiese. „Uns mit spiel komm, Karoline." Im Rückwärts-Holz-Turm-Bauen ist Karoline eine wahre Meisterin. Man muss einen Holzturm, aus Bausteinen, abbauen so schnell es geht. Mit ihren dicken Fingern ist sie am schnellsten. Sie, die immer Schwierigkeiten hat, mit ihren ungelenken Wülsten etwas zu bauen.

Karoline lächelt verschmitzt. „Spielen Murmeln lieber uns lass!" In ihrer Rückwärtswelt kann Karoline Worte finden. Die Murmeln aus den Löchern herauszubringen ist lustig.

„Karoline, komm wir wollen deine Sachen packen." Weit entfernt hört Karoline die Mutter. Ach ja, sie darf ja wegfahren. Ganz allein mit dem Zug. Ein wenig Angst hat Karoline schon, aber Mutter sagt, sie ist jetzt ein großes Mädchen und außerdem werden da viele Kinder sein und die haben auch keine Angst.

Mutter ist sehr stolz, dass Karoline auf Erholung fahren darf. Das vergönnt sie den Leuten, die sie immer mitleidig angeschaut haben, wenn sie mit Karoline ins Dorf gekommen ist.

Es ist eine schwere Zeit gewesen, die Zeit der Niederkunft. Die Hebamme hat schnell ein Kreuz geschlagen, hat gemurmelt, das Mädchen habe den schiefen Blick.

Steinchen um Steinchen musste Karoline wegräumen, bis sie die Schutzmauer zum Herzen ihrer Mutter durchbrochen hat. Wenn die Mutter wenigstens noch ein „normales" Kind in diese Welt hätte bringen dürfen. Der Mann machte ihr keine Vorwürfe, aber in seinen Augen hat sie das Urteil gelesen. Er hat immerhin einen gesunden Buben, von der Kathi, falls er der Vater ist, bei der weiß man ja nie.

Zu den Dorfkindern hat Karoline nie dazu gehört. Ihr schiefer Blick hat ihr die Kindheit gestohlen. Anfangs sind die Kinder voller Schrecken davongelaufen. Später drehten sie den Spieß um, sie haben Karoline so lange gehänselt, bis sie davongelaufen ist.

Meistens hat die Mutter Karoline alleine zu Hause gelassen, hat die Welt weg gesperrt. Nur am Sonntag hat sie Karoline mit genommen in die Kirche, der Herr Pfarrer meinte, schließlich sei sie auch ein Geschöpf Gottes.

Am Montag ist Abreise, da wird sie am Sonntag beim Kirchgang noch jedem erzählen, dass Karoline auf Erholung fahren darf.

Festgebunden zu sein macht Karoline Angst. Sie will sich zusammenkauern, aber auch ihren Füßen hat man die Freiheit genommen. Das grelle Licht der Lampe verschließt Karolines Augen. Karoline sucht in der Tiefe ihres Halses Schreie. Die Tür öffnet sich.

Karoline sitzt im Zug nach Salzburg.

Eine Begleiterin will ihre kleine Tasche nehmen, Karoline umklammert sie. Viel ist nicht drin. Ein Kleid zum Wechseln, einige Unterhosen, ein Paar wollene Socken und ihre Jeija. Jeija ist ihre

Puppe. Mutter hat sie aus Stoffresten genäht, Augen, Nase und Mund hat sie aufgestickt. Eine Schürze trägt Jeija auch. Den Knopf, der die Schürze festgehalten hat, hat Mutter wieder heraus getrennt, weil Karoline ihn zwar aufgebracht hat, aber nie zu. Jeija hat immer die Schürze verloren, nun hat Mutter die Schürze angenäht.

Das Rucken und Wackeln hört auf, Leute steigen ein. Karoline sieht zum ersten Mal in ihrem Leben ein anderes Kind mit dem schiefen Blick. Da sind plötzlich viele Kinder mit dem schiefen Blick. Wo waren sie alle versteckt?

Der Druck auf ihrer Hand wird fester. Die Kröte bindet einen Gummischlauch am Oberarm fest. Der Mann nähert sich Karoline, auf seinem Gesicht gähnt Langeweile. Bedächtig zieht er eine Spritze auf.

Martin, der Freund in ihrer Welt, begleitet Karoline zum Ort des Rücksprungs. Zu jenem geheimnisvollen Ort, wo alles endet und beginnt.

„Karoline, sein leise ganz musst du!" Martin legt Karoline behutsam die Worte ins Ohr. „Beginnen es wird bald."

Karoline hält den Atem fest. Eine Blume öffnet sich und ein Tautropfen fällt aus ihrem Inneren zu Boden. Er zerfällt beim Aufprall in tausend Tautropfen, Musik erklingt, wie klirrendes Glas. Nebel steigen auf und Karoline kann die Umrisse eines alten Mannes erkennen, sein faltiges Gesicht, seine grauen Haare, sein gebeugter Rücken. Er hält sich an einem Stock fest. Zaghaft, wie ein neugeborenes Kälbchen, versucht er seine ersten Schritte. Sein zahnloser Mund lächelt, es ist wunderschön, geboren zu werden.

„Alt so ist er!", meint Karoline unsicher.

„Welt unserer in, geboren alt wird man. Werden jung sehr sicher wird er!"

Vorsichtig nimmt Martin Karolines Hand, sie schleichen leise davon, um den alten Mann in den ersten Minuten seines Lebens nicht zu stören. Dankbar drückt Karoline Martins Hand. „Wohl leb!"

Die alten Glieder erlauben ihm nicht so schnell zu gehen, wie seine Wünsche möchten. Josef, der Briefträger, in dessen Gesicht die Fröhlichkeit wohnt, keucht den Hügel herauf. „Ein Brief aus Linz, ein Brief von unserer Lini!"

Die Mutter reißt den Brief hastig auf.

„...mit Bedauern müssen wir Ihnen mitteilen, dass heute Ihre Tochter Karoline B. an einer Lungenentzündung verstorben ist."

Hartheim bei Linz, am 3. März 1940.

Robinson Crusoe oder die Ohnmacht des Wünschens

Bedächtig erhebt sich die Sonne aus ihrem Wasserbett, blinzelt in den neuen Tag, wird von Minute zu Minute dicker, als hätte sie viele Liter Kakao zum Frühstück getrunken. Bald löst sie sich ganz aus dem Horizont und tanzt als großer Ball über dem Meer. Leise ans Ufer klatschende Wellen begrüßen die Lichtbringerin. Sandkörner spielen mit dem Wasser Fang-mich. Einige können sich am Ufer festhalten, andere müssen ihre Reise an Land von Neuem beginnen. Krabben sausen so flink über den Strand, als müssten sie ihre gesamte Tagesarbeit in der ersten Morgenstunde erledigen.

Thomas erwacht. Fast hätte er einer alten Gewohnheit zuliebe laut „Mama" gerufen. Mama war nämlich lange Zeit sein erstes Wort am Morgen gewesen. In den ersten Lebensjahren, um sich zu vergewissern, dass Mama im Zimmer war, später, damit Mama in der Küche unten wusste, dass er jetzt wach war. Schließlich hält er sich doch für zu alt und so ist sein erstes Wort: „Guten Morgen."

Thomas setzt sich auf und bemerkt etwas Hartes unter seinem Fuß. Dieses harte Etwas fängt an zu krabbeln. Thomas öffnet den Reißverschluss seines Schlafsackes. Neugierig klettert Merlin ans Tageslicht.

„Guten Morgen, Merlin! Hast du gut geschlafen? Ist es hier nicht toll? Sieht beinahe so aus wie in deiner Heimat Griechenland!"

Merlin rudert mit seinen kurzen Füßen. Thomas versucht, Merlin seine Liebe sogar durch seinen dicken Panzer spüren zu lassen. Der Sand, Merlin fühlt die ungewohnte Unterlage, ist weich und warm. Doch, hier könnte es ihm gefallen.

Es hat also tatsächlich geklappt.

„Los, Martin, du Langschläfer steh auf!"

„Was gibt es? Ist es schon Zeit für die Schule?"

„Auf unserer Insel gibt es keine Schule, keinen Lehrer und keine Hausaufgaben, vor allem keinen Streit bei den Hausaufgaben mit Mama. Aber, Mama gibt es auch keine", fügt Thomas nachdenklich hinzu.

„Super! Keine Erwachsene, die uns befehlen wollen, die immer alles besser wissen, sind wir doch froh! Komm, wir spielen Robinson Crusoe und erforschen die Insel. Ich bin Robinson und du bist Freitag", bestimmt Martin.

„Wer ist Freitag?"

„Freitag ist der Diener von Robinson!"

„Nein, ich bin weder Freitag, noch Dienstag, noch Donnerstag. Immer willst du der Chef sein. Ich bin John Smith, der Kapitän von Pocahontas!"

„Von mir aus."

Mutig machen sich die Buben auf, um ihre Insel zu erkunden. Sattgrüne Palmen mit Kokosnüssen wechseln mit Bananenstauden, große Farne säumen den Weg. Ein Papagei krächzt. Vertrauensvoll plätschert eine Quelle. Glitzernden Glasperlen an unsichtbaren Fäden gleich, stürzt ein Wasserfall über einen Felsvorsprung. Nach einer Stunde ist die Insel umrundet.

Es muss eine Hütte gebaut werden, so viel steht fest, als Schutz vor Regen, Sonne und den Südseepiraten. Martin übernimmt das Kommando, Thomas akzeptiert stillschweigend - Martin ist der große Hüttenbaumeister, das war immer so. Ein Gehege wird gebraucht - Merlin kann nicht den ganzen Tag bewacht werden. Ihr Kalender zählt die dritte Kerbe.

Geschnitzte Harpunen, Pfeile und Bogen gehören zu ihren neuen Schätzen. Nicht, dass es etwa wilde, gefährliche Tiere auf der Insel geben würde, nein, aber die Südseepiraten oder feindliche Eingeborene könnten kommen. Man weiß ja nie. Die langen Tage sind gefüllt: sie schwimmen, tauchen, klettern auf Palmen, besorgen Essen und dösen in der Sonne. Bei der fünften Kerbe wurde die Langeweile langweilig.

„Wenn wir doch Spielzeug bei uns hätten!"

Martin hat diesen Satz gemurmelt. Thomas zuckt zusammen.

„Ich habe total vergessen, dass ich alle meine Spielsachen mitgenommen habe. Wo sind sie nur?" Sie entdecken die Spielsachen in einer Höhle samt dem Fernseher mit Video und vielen Filmen.

„Wo kommt denn der Fernseher her?" Martin ist verwundert.

„Ich, ich dachte, ein Fernseher wäre toll, wenn uns langweilig wird."

„Und der Strom? Ha, du bist ein kleiner Idiot. Einen Fernseher ohne Strom! Hast du wenigstens Bücher mitgenommen?"

„Nein, du weißt doch, du kennst doch meine Kämpfe mit dem

Lesen, ich wollte gar nicht erst in Versuchung kommen, dabei mag ich Bücher, aber nur, wenn jemand sie mir vorliest!"

„Ist ja schon gut, hör auf! Deine Spielsachen sind ja auch klasse."

Mit dem Berg der Schmutzwäsche wächst auch das Heimweh. In der Nacht ist es am schlimmsten. Martin spielt immer den großen Helden, dabei sieht Thomas, dass auch er sich in den Schlaf weint. Thomas wartet jeden Abend, bis Martin eingeschlafen ist. Er will sein Geheimnis nicht verraten. Es ist nicht sein Hase, dieses abgeliebte Stück Stoff, den kennt Martin.

Nein, es ist etwas viel Wertvolleres. Im Dunkel seines Schlafsackes liegt ein Pullover versteckt. Seine Mama hat ihn am Tag vor seiner Abreise getragen. Thomas kuschelt sich hinein und riecht Mama. Wenn er die Augen schließt, kann er Mama ganz nah bei sich fühlen. Nun kann auch er weinen. Bei Kerbe Nummer 14 hält es Martin nicht mehr aus.

„Warum bin ich bloß auf dieser dummen Insel? Warum? Ich habe es mir nie gewünscht!"

„Aber ich!", meldet sich Thomas kleinlaut.

„Da war diese Fee ... und ... diese Fee fragte mich, welche fünf Dinge ich auf eine einsame Insel mitnehmen würde, und ich dachte, da du mein bester Freund bist, da dachte ich..."

„Mir egal, was du dachtest! Wünsch mich nur schnell wieder heim!"

Vermisst

Jakob sucht ihn. Diese Stadt gibt ihm das Gefühl, am Ziel zu sein.

Die Frau weint. Tränen quellen aus geröteten, verschwollenen Augenlidern. Hoffnungslosigkeit hat in den Pupillen ihr Quartier aufgeschlagen. Der Beamte versucht sie zu trösten. Hilflosigkeit drückt seine Schultern nieder.

Das Mädchen bleibt verschwunden, aufgelöst wie Mittagsnebel in der Oktobersonne.

Die vergangenen sieben Tage haben dem Kummer Schaufeln verliehen. Tiefe Furchen haben sich in das Gesicht der Frau eingegraben.

Sie komme schon wieder, die Tochter. Man wisse doch, wie Kinder sein können, gehen plötzlich ihre eigenen Wege, ohne Abschied.

Ratlosigkeit kriecht in die Amtsstube, Verzweiflung hinterher. Sie machen sich breit, obwohl keiner sie eingeladen hat.

Der vierte ungeklärte Vermisstenfall innerhalb einer Woche.

Vor dem Baum bleibt Jakob stehen. „VERMISST" klagen große dicke Buchstaben Jakob vorwurfsvoll an.

Vier Jugendliche strahlen Jakob ihr unschuldiges Lachen entgegen. Ja, diese Stadt ist die Endstation seiner Reise.

Die letzten Tage der Kinder werden untersucht, Stunden zerkleinert und hin und her gewendet. Vielleicht versteckt sich hinter der 29. Minute die Antwort. Antworten kennen oft großartige Verstecke.

Befreundet waren sie. Alle vier. Sehnsucht nach Veränderungen? Sehnsucht, die das Herz füllt, bis man es nicht mehr aushält, nein, eine solche Sehnsucht war ihnen fremd. Behaupten die Eltern.

Jakob macht sich auf den Weg zur Polizei. Das Unvermeidliche muss getan werden. Länger kann Jakob die Schuld nicht mehr tragen. Die Schuld jener verhängnisvollen Nacht.

Da war diese sprachlose Einsamkeit. Seine Frau war gestorben. Niemand da zum Reden. Die Neumondnacht brachte das Zauberwesen in seine Hütte. Einen Wunsch hätte er frei – jemanden zum Reden. Das Zauberwesen ließ Jakob einen sprechenden Spiegel machen. So fand die Sprachlosigkeit ihr Ende. Jedes Mal, wenn Jakob ihn ansah, sprach der Spiegel mit ihm. Er sah alles ganz genau. Nur Tränen konnte Jakob ihm nicht begreiflich machen.

Es wird schwer sein zu erklären, man braucht Beweise. Vermutungen nützen nichts bei der Polizei. Er wird ihn finden.

Der Beamte starrt Jakob an. Ein Wichtigtuer! Der Wievielte in dieser Woche? Alle wollen etwas gesehen, etwas bemerkt haben.

Jakob möchte die Orte wissen, die die vermissten Jugendlichen miteinander besucht haben, heimliche Verstecke ausgraben, damit er ihn findet.

Was tut man mit Verrückten? Er soll verschwinden, nicht die Arbeit der Polizei behindern.

Die Adresse der Eltern? Stadtgespräche laufen auf schnellen Beinen. Mitleid und unverhohlene Sensationslust paaren sich und gebären wilde Gerüchte.

Tränen waren nur Wassertropfen für den sprechenden Spiegel. Jakob erzählte ihm von Traurigkeit, Zorn und Freude, die aus allen Poren kommen und über den Rücken rieseln. Lange sagte der Spiegel nichts, aber der Keim der Sehnsucht in ihm wuchs dem Sonnenlicht entgegen.

Jakob läutet zaghaft. Ein Privatdetektiv sei er, die Arbeit der Polizei gehe zu langsam, der Beamtenapparat, man kenne das ja. Bestimmte Plätze? Nein, doch, seit ungefähr vier Monaten trafen sie sich in einem Haus am See.

Eigentlich nur eine kleine Fischerhütte. Viel Spaß hatten die Jugendlichen beim Einrichten. Auf dem Flohmarkt haben sie ein paar Sachen gekauft. Billige Stücke, die andere Menschen schon abgewohnt haben. Krüge, eine alte Uhr und einen Spiegel...

Ob man diese Hütte einmal sehen könne? Viel versprechen sich die Eltern nicht davon. Die Polizei war auch schon dort - keine Beweise.

Behutsam geht Jakob auf die Fischerhütte zu. Mit dem Schlüssel drehen sich all seine Befürchtungen schwer im Schloss. Knarrend öffnet sich die Tür. Jakob muss ihn nicht sehen, er kann seine Anwesenheit spüren.

Verlegen lächelt der Spiegel Jakob an. „Gut, dass du da bist. Ich warte schon so lange auf dich." Seine klirrende gläserne Stimme fleht kindlich.

„Wo sind die Vier?" Jakob streicht zaghaft über seine kühle Fläche. Liebevoll betrachtet er seine geschliffenen Ränder.

„Du musst die Kinder hergeben!"

Kleine Tropfen rinnen über die Ränder, wie Wasserdampf aus dem Teekessel, der hilflos pfeift.

„Ihr Lachen wird mir fehlen, ihre Fröhlichkeit, ihre Wut über das Eingesperrtsein. Jakob, es ist wunderschön Wut zu fühlen! Ich kann zittern vor Wut, bis ich fast zersplittere!"

„Du musst mit mir nach Hause kommen. Ich werde dir leider weh tun müssen!"

Jakob, der Spiegelmacher, schlägt mit dem Hammer zu. Das Gefängnis öffnet sich, viele kleine Stücke zersplittern, die Kinder sind frei. Hastig sammelt Jakob alle Teile ein. Nicht einen vergisst er mitzunehmen - zurück in das Reich des Spiegelmachers. Er wird sie einschmelzen und neu gießen. Schneewittchenhafte, sprechende Spiegel ohne Gefühle wird Jakob keine mehr machen.

Weißer Tag

Vorsichtig malen ihre Finger helle Täler in die Staubwüste. Das braun-grüne Muster kommt zum Vorschein. Die staubige Hand zeichnet graue Linien in ihr Gesicht. Das Herz pocht gegen die Schläfen, als wolle es die Welt besuchen.

Die metallene Kälte seines Schlosses lässt ihre Finger kurz zurück zucken.

Ein Ruck geht durch ihren Körper, sie richtet sich auf, um sich selber Mut zu machen. Das Klicken des Kofferschlosses öffnet die Schleuse zum Erinnerungsstaudamm.

Blaues Papier knistert beim Entfalten. Blütenblätter zerfallen im Tageslicht. Das Weiß des Kleides hat sich über die Jahre erhalten.

Ihr Körper bewegt sich im Tanz.. Seine Hände halten sicher fest. Ihr fröhliches Lachen zaubert Sterne in ihre Augen. Eine Sternschnuppe – schnell, wünsch dir was!

Heute ist dein großer Wunschtag, vergiss keinen deiner Wünsche, leg alle in eine Schale und opfere sie auf dem Altar des Lebens!

Zärtlich streichen ihre Finger über den seidigen Stoff. Tränen verwischen die grauen Linien.

Es war eine gute Ehe. Er hat ihr nicht alles versprochen. Nur sie wollte die Stunden des weißen Tages festhalten. Nein, geschlagen hat er sie nie. Er war ein guter Mann.

Behutsam hebt sie das Kleid heraus. Seufzend fällt es zu Boden. Ihre müden Beine humpeln zum Spiegelschrank. Sie hält es hoch. Da war noch etwas - ein Kranz. Hastig zerrt sie das blaue Papier hervor. Winzige weiße Blüten rieseln wie Schnee auf gefrorene Novemberwiesen. Die faltigen Hände halten den Reif aus dürren Stängeln fest. Sie presst ihre Lippen an den vertrockneten Kranz.

Er ist schon lange vor ihr gegangen. Die letzten Jahre waren schön. Der Besuch der Kinder regelmäßig, wie die Würstelsuppe am Heiligen Abend. Es sind brave Kinder. Es wird ihr bestimmt dort gefallen. Sie haben das Altersheim sehr gewissenhaft ausgesucht.

Das Kleid raschelt. Graue Haare passen nicht zu weiß. Den alten Koffer darf sie nicht mitnehmen. Unnötiger Ballast soll vermieden werden. Ein trauriges Lächeln malt Sterne in ihre Augen.

Eine Sternschnuppe - schnell, wünsch dir was!

Bevor sie dich holen.

Der Wolkenreiter

Er sitzt auf einer Wolke und versucht ein Schaf zu konstruieren. Seit er denken kann, tut er nichts anderes, aber heute ist er so zerstreut, dass ihm sogar diese einfache Arbeit schwer fällt.

Eine Schar großer Wolken zieht an ihm vorbei. Stolz blicken sie zu ihm herab, stolz und ein bisschen verächtlich, manche mit einem mitleidigen Lächeln.

Er muss warten, warten und Geduld haben. Doch er ist zu jung um Geduld zu haben. Sein größter Wunsch wäre es, einen Drachen, einen wilden Tiger oder ein wunderschönes Wolkenschloss zu formen. Von regen-, schnee- oder hageltragenden Wolken wagt er nur ganz heimlich zu träumen. An einem wolkenlosen, strahlenden Tag kommt er zu seinem Lieblingsplatz und sucht seine Wünsche.

Ein einziges Mal hat er es gewagt, bei der Ausgabe eine falsche Nummer zu nennen. Der Ausgabebedienstete schaute kurz auf, wahrscheinlich hat er die junge Stimme erkannt und griff zu dem Glas mit den Schafen.

Er solle es ja nicht noch einmal versuchen, sonst müsse man den Vorfall melden, ganz oben, ganz nach Dienstvorschrift, wo komme man denn da hin, da könne ja jeder kommen.

Die Verwarnung kann seine Sehnsucht nicht in Ketten legen.

Heute füllt sein Wunsch alles in ihm aus. Seine Schafe hat er ordnungsgemäß zusammengestellt. Er macht sich auf den Weg zur Ausgabestelle.

Niemand ist da. Ungläubig wartet er einen Moment, tritt zögernd ein und befindet sich in dem Raum, wo seine Träume und Wünsche, in Gläser abgefüllt, auf Regalen stehen – Drachen, Regen, Wolkenschlösser...

Verstohlen blickt er sich um. Es ist tatsächlich niemand da. Schnell steckt er ein Drachenglas in die eine Tasche und das Glas mit Regen in die andere.

Weit zieht er sich zurück, in den hintersten Winkel des Horizonts. Mit zitternden Händen öffnet er das Drachenglas. Der Wolkendampf entweicht, wird größer und wilder. Mit aller Kraft hält der Wolkenreiter sich fest und versucht einen Drachen zu bilden. Es ist viel anstrengender, als er gedacht hat, und viel aufregender. Sein Drachen wird wunderschön.

Er bemerkt das Regenglas in seiner Tasche. Mutig öffnet er es. Eine riesige, dunkle, schwere Wolke kommt zum Vorschein.

Der kleine Wolkenreiter weiß noch nicht, dass dicke, volle Regenwolken ganz vorsichtig behandelt werden müssen. Plötzlich beginnt sie zu weinen. Kugelrunde Regentropfen kommen ihm entgegen, er will zur Seite springen, aber es ist zu spät.

Ein besonders dicker Tropfen reißt ihn mit. Tausende Tropfen lösen sich aus ihrem Mutterschoß und machen sich auf den Weg.

Der kleine Wolkenreiter fällt vom Himmel.

Der Weg zur Erde erscheint ihm unendlich lang.

Er fällt und fällt – und landet in einem See. Er sieht zum Himmel - seine dicke, schwarze Regenwolke verliert im Sonnenschein ihre Kinder.

Nun wartet er wieder. Er, der noch zu jung ist, um Geduld zu haben.

Er wartet, dass ein Menschenkind davon träumt, auf einer Wolke über den Himmel zu schweben. Nur auf dem Rücken dieses Wunsches kann der kleine Wolkenreiter zurück in seine Welt.

Der kleine Wolkenreiter wartet.

Martina Burgsteiner

Kopflos

Martina Burgsteiner

Kopflos

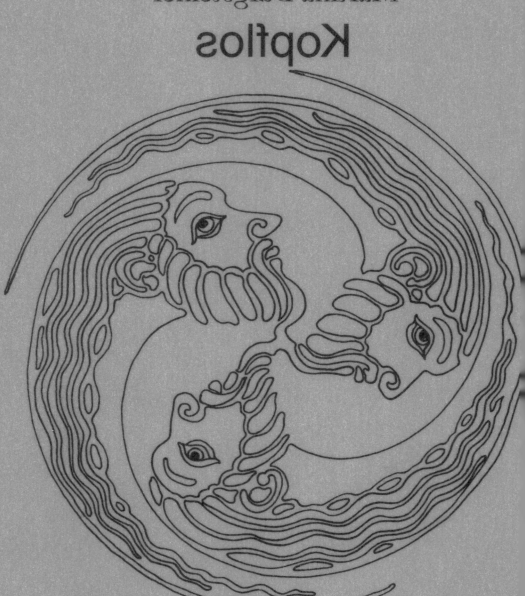

Martina Burgsteiner

Jahrgang 1967, lebt in Taxenbach, ist Puppenspielerin und Bibliothekarin, liebt Kinder und Bücher und lebt in einem kreativen Chaos.

Schattenkinder

Versunken blickt Martha in das sprudelnde Wasser, weißer Schaum bäumt sich auf, Topf und Ofen bilden eine Einheit im rußigen Schwarz. Die Wärme des Ofens tut ihr gut, lässt vergessen, dass ihre drei Ledigen am Hof des Bruders nur geduldet sind.

„Wann ist das Essen fertig?" Vorsichtig blickt sie sich um. Ihr Bruder schimpft: „Wie lange muss ich deine Brut noch durchfüttern, die bekommen erst am Abend etwas. Zuerst wird gearbeitet." Dieser Augenblick hat genügt, Martha greift mit ihren bloßen Händen in das heiße Wasser, holt zwei Knödel heraus und lässt sie in der Schürze verschwinden. Sie trägt den Topf mit den Knödeln an den großen Tisch, sieht ihrem Bruder in die Augen und geht.

Ein Schmetterling auf seinem ersten Flug, Splitter der verlorenen Kindheit zieren seine Flügel.

Kinderfüße hinterlassen Spuren in der feuchten Erde. Rudi ist mit seinen drei Jahren ein ruhiges Kind. Endlich kommt auch Martina aus der Schule nach Hause. „Schnell, versteckt euch." Die zwei kleinen Gestalten tasten sich durch den dunklen Stall. „Schaut, was ich für euch hab, lasst es euch schmecken, Kinder!"

Der Wind treibt Gewitterwolken vor sich her. Langsam geht Martha den Hang hinauf. Dort steht der verfallene alte Stadel, hier sucht sie keiner. Durch die schwarzen Wolken finden einzelne Sonnenstrahlen ihren Weg durchs Schindelnetz. Martha will nicht von ihnen getröstet werden. Sie möchte wie morsches Holz den erdigen Boden schmücken. Sie schließt ihre Augen und tanzt zum Rhythmus des Windes, schützend schlingt sie die Arme um ihren Bauch wie damals.

In ihrem Mieder, das Haar hochgesteckt, war sie Schützenkönigin geworden. Einer konnte die Augen nicht mehr von ihr lassen. Auch sie spürte, er ist es, ihn will sie heiraten, alle haben es gewusst.

Der Hochzeitstermin ist schon vereinbart und wie heute legte sie die Arme schützend um ihr ungeborenes Kind. Mit 22 Jahren waren die meisten schon verheiratet.

Dann kam die Nachricht – der Eine aufgespießt von einem Ast, die Eingeweide nach außen gestülpt. „Die Arbeit als Holzfäller ist gefährlich", murmeln die Bewohner des Dorfes. Sie stand nicht am Grab beim Begräbnis. Sie waren nicht verheiratet.

Das Gespenst nimmt dir die Sonne, verzweifelt willst du fliehen, doch der dunkle Mantel lässt sich nicht abschütteln.

„So gut wie heute hat das Essen lange nicht mehr geschmeckt. Ein Esser weniger. Warum sagt denn keiner was? Das hättest du dir vorher überlegen sollen, Schwester. Kinder haben und keinen Mann dazu - mit mir nicht mehr! Und dein Franzosenkind wird demnächst auch verschwinden!" Die Altbäurin blickt ihn mit verschwollenen Augen an. Der Altbauer steht auf, mit seinen zittrigen Händen geht er auf den Bauern zu, schlägt ihm ins Gesicht und geht. Martha sitzt in der Kammer. Es ist sein Bett, sein

Kasten, sein Tisch. Gedanken zucken wie Blitze von einem Körperteil zum anderen, stechen tief ins Fleisch. Sie möchte laut schreien, doch ihr Sohn schläft friedlich im Bett. Wie soll ich ihm beibringen, dass seine Schwester nicht mehr da ist? Ihre Augen suchen Halt in diesem Chaos, sie zündet eine Kerze an.

Der Regenbogen begrüßt den Morgen, Blutstropfen ruhen auf der Wiese. Regenbogenkinder steigen dem Tod entgegen, Mutterwärme will retten.

Die Stimmen der Männer durchschneiden den Morgen, mit ihren Sensen sind sie auf dem Weg ins Feld. Mittags kommen die Frauen und Kinder zum Umkehren. „Nur dein kleines Franzosenkind wird nicht dabei sein." Im Gesicht des Bauern breitet sich Genugtuung aus.

Vor Martha steht ein Spiegel aus braunem Holz mit Schnitzereien. Am oberen Ende befindet sich eine Eisenkette. Ein grauer Schleier überzieht den Spiegel. Von oben herab baut das Laternenlicht Faltenkrater in ihr Gesicht. Der Schatten des Kopfes und der Haare legt sich wie ein Tuch um Hals und Brust. Die Augen starr in den Spiegel gerichtet, diese Versteinerung ihres Körpers, die nur dazu dient, die Gefühle zu töten. Diesen tiefen Schmerz zu betäuben, der in ihr tobt wie ein Wirbelsturm. Leicht sein möchte sie - sich wärmen lassen von tausend Sonnenstrahlen und eine andere sein. Das Bild ihres Bruders peitscht ihr Gesicht: „Diese Schmerzen könnte ich ewig ertragen, wenn ich die Antwort wüsste auf das Warum." Großmutter bringt ihr die Suppe auf ihre Kammer: „Es wird ihnen dort nichts fehlen, du weißt ja, hier auf diesem Hof sind ledige Kinder nichts wert."

Kinderlachen durchbohrt mich, durchsucht meinen Körper nach Liebe, Mutterhände halten das Echo fest.

Der Arzt gibt ihr die Spritze. Die schwarze Nacht greift nach den Farben der Frühlingsblumen, nach dem Sonnenlicht, dunkler Nebel hüllt sie ein. Als Martha die Augen öffnet, liegt sie in einem hohen Raum mit vergitterten Fenstern. Eine Klosterschwester betritt den Raum, um eine Frau im geblümten Morgenmantel abzuholen, die laute, undeutliche Töne von sich gibt. Alle tragen Nachthemden und eine Schürze darüber. Sie lachen, weinen, schreien, spucken und stinken. Eine andere Schwester bringt ihr Suppe. Sie will nicht! Sie steht benommen auf und erblickt durch das vergitterte Fenster einen kleinen See mit einer Insel. In der Mitte stehen drei kleine Bäume. Kinder, ich kann euch sehen!

Martha stirbt nach einem Jahr und fünf Monaten, ohne ihre Kinder je wieder gesehen zu haben. Ihr Bruder wird verrückt, er stürzt sich zwei Jahr später in eine Klamm und ist auf der Stelle tot. Die älteste Tochter Marthas wird von einem Betrunkenen umgebracht. Die beiden Kinder Martina und Rudi sehen sich nach ihrer Trennung das erste Mal wieder am Grab ihrer Mutter.

Schwarzes Gestein kämpft gegen das heiße Blut der Erde.
Schwarze kleine Hände verbrennen und werden zu Lava.

versteckt im bauch
sind
antworten
bereit zum
veratmen der frage

am ende
des satzes
fordert
der galgen
sein
recht

ein
drachenkopf auf der suche
nach
der
eissonne
er
durchstreift
die
schattierungen
der
nacht
blaues blut
pocht
in
seinem
kopf

sie hat einen faden
geboren
allein im großen
haus
vorsichtig gleitet sie
mit ihrem
milchig silbrigen
schatz
übers
bett

als sie das
zentrum
erreicht
an dem
alle fäden
auseinander laufen
wartet sie

welchen soll
sie
wählen

schattenkinder
verstecken
sich
hinter
masken
leise
kriechen
Sie
aus
den
lachfalten
hervor

in den falten der nacht
brennen die augen
mein
spiegelbild
häutet sich

lach nur

schreiben schreiben
und
niemals
aufhören

lach nur

die blätter
der säge
schneiden gedanken
warten auf den
sonnenaufgang
faltige hände
schützen nicht
tränen im
federkleid
schmücken
dich

gefangen
im
zeitrahmen
dem
wahnsinn
nah
versuchst
du zu
entfliehen
doch
rahmen
haben
zeit

im
zeitlosen fluss
schwimmen wortfische
ihrem ziel entgegen
punktsteine wollen
den weg versperren
beistrichpflanzen streicheln
sanft ihre schuppen
nach zeilenjahren
endlich

ein meer voller geschichten

mond

dein schein
wird dir
nicht helfen
dich aus dem
stahlgefängnis
zu befreien
nur die zeit
ist
deine
rettung

im
alltagskleid finde ich
eine kleine falte
bunte wellen
tragen mich
zu einer insel
voller ritzen
genüsslich
verstecke ich mich

durch das
knopfloch
hallt mein schrei

wer findet

mich

versunken das kind ins lesen
eine sonnenblume die tränen weint
eine rose die feuer speit
ein efeuüberwachsenes chamäleon

gedanken so wirr wie das heu

versunken das kind ins puppenspiel
engelhaar wird zu roter lava
pinselstriche zu reißenden flussarmen

gedankentropfen bilden einen see

die wasserspiele sind
eröffnet

hereinspaziert

wellenwind bewegt
bäume
tote mücken ersetzen
sterne

hereinspaziert

fischflossen zerschneiden
den wasserspiegel
durch kiemen gefilterter
schlamm
deckt
die toten zu

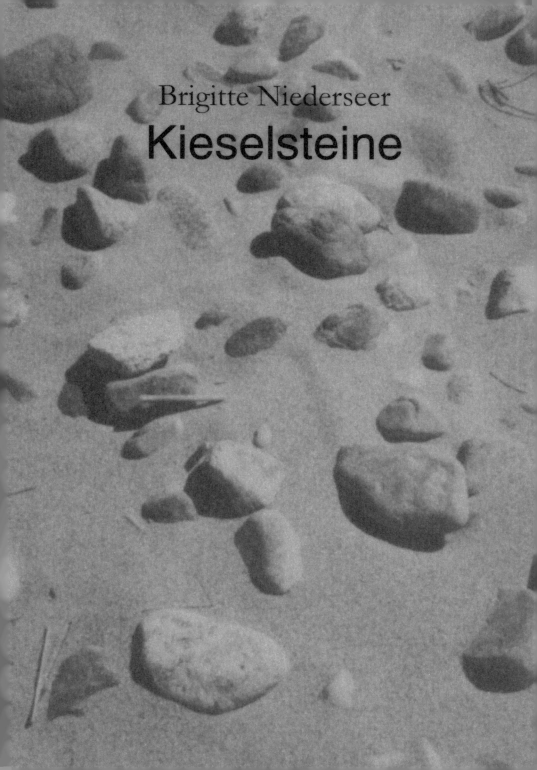

Brigitte Niederseer
Kieselsteine

Kieselsteine
Brigitte Niederseer

Brigitte Niederseer

Maishofen, schreibt, übersetzt und lektoriert. 2000 erhält sie den Salzburger Lyrikpreis, 2001 erscheint ihre Autobiographie „Hart an der Grenze".

Herbstnacht

Heute Nacht komme ich. Vielleicht.

Tafelmusik.

Wozu spielt man hier Tafelmusik?

Konservengeriesel. Aller Höhen und Tiefen beraubt. Steril. Wie alles hier. Emotionen würden schaden. Sagt man. Man meint es gut. Aber Kerzen würden zu diesem Geplätscher besser passen als kaltes Neonlicht.

Sie denken, der Anstand verlange es, dass sie warten, bis sie das Haus ausräumen und verkaufen. Mir wäre es egal. Ich muss ihnen sagen, dass es mir egal ist, wenn sie das nächste Mal kommen.

Das Herz ist stark. Das Herz ist immer stark gewesen.

Früher oder später werden sie die Bücher aus den Regalen holen. Sie werden den Kopf schütteln über „Bleib bei uns, Gulla" und durch die Zähne pfeifen bei „Mein Kampf". Sie werden nicht wissen wohin mit all den Biografien. Die meisten Bücher werden sie trotzdem mitnehmen und in ihre eigenen Schränke stopfen. Schließlich sind wir verwandt.

Tafelmusik. Ohne das Lachen und Plaudern von Gästen hängen die Töne wie Fremdkörper im Raum.

Auf dem Sofa im Bücherzimmer liegen und lesen. Träumen und

schlafen. Früher lehnten dort alte Vertraute bequem in den Polstern und legten ihre Füße auf die Bücherstapel. Wir redeten. Oder wir redeten nicht. Pflichtbesucher gab es dort nur in den letzten Wochen. Aber die saßen nie auf dem Sofa. Pflichtbesucher nehmen auf Sesselkanten Platz. Sie kommen oft. Es ist ihr Revier. Sie schweigen beim Reden die wichtigen Wörter tot. Auch alte Vertraute kommen. Wir reden. Oder wir reden nicht.

Tafelmusik. Ich bin sicher, das Klappern von Silberbesteck auf dünnem Porzellan und das Klirren von Kristall würde dieser Musik Leben einhauchen. Aber Magensonden erfüllen ihren Zweck geräuschlos.

Vor dem Kamin sitzen und ins Feuer starren ... aufstehen ... das Buch vom Regal nehmen ... es aufschlagen ... darin schmökern ... mich satt lesen am Brot.

Wenn sie mein Bücherzimmer ausräumen, werden sie auch die Schachtel mit den Briefen finden. Aber sie werden zu beschäftigt sein, um sie zu lesen.

Es wird kalt. Ich müsste läuten. Ob ich um eine Wärmflasche frage? Nein, ich läute nicht. Heute hat die Große Dienst, mit den schwarzen Haaren. Sie ist noch jung, sie meint, der Tod kommt in jedem Fall als Feind. Sie wird aus irgendeinem Grund den Arzt rufen, damit man sie nicht verantwortlich machen kann. Was sie tun, nennen sie „lebenserhaltende Maßnahmen" und dabei verderben sie den Abschied mit Nadeln, Schläuchen und Lärm. Was wissen sie schon.

Vor dem Kamin sitzen und ins Feuer starren ... und ... aufstehen ...

ja, aufstehen und Buchenscheiter auf die Glut legen. Die Bilder an der Wand ... bewegen sich ... im Flackern der Glut ...

Die Fotoalben aus dem Schrank holen ... zurückblättern ... bis sich Großväter auf den lichten Feldern eines Mosaiks ... in spielende Kinder verwandeln ... vom Schatten gibt es keine Fotos ... zurückblättern ... um das ganze Mosaik sehen zu können, fehlt der Abstand ... aufstehen ... das Buch nehmen und lesen.

Mir ist kalt ... soll ich doch läuten ... ich habe die Hilflosigkeit satt ... nein ... ich läute nicht ...

Aufstehen ... ich will in dem Buch lesen ... und ... die Schallplatte mit der Symphonie aus der Neuen Welt heraussuchen ... Buchenscheiter auf die Glut legen ... ich will in die Küche gehen ... Tee aufgießen ... eine große Kanne Tee ... ich werde ihn heiß trinken ... und stark ... ich will das Licht löschen und das Fenster öffnen ... warten ... bis sich die Augen an die Dunkelheit gewöhnt haben ... ich will wissen ... ob der Wind dem Bergahorn vorm Haus das letzte Blatt geholt hat ... ich werde die feuchte Luft atmen ... meine Finger an der Teetasse wärmen ... die Musik aus der Neuen Welt hören ...

Ich muss nur versuchen ... aufzustehen ... muss versuchen ... mich aus dem Bett hochzustemmen ... ich werde jetzt aufstehen ... und zum Fenster gehen ... aufstehen ... auch wenn es vor diesem Fenster ... keinen Bergahorn gibt ... aufstehen ... und sei es nur ... um ... den Orion zu suchen ... oder ... lautlos ... auf den Boden zu fallen ... zu fallen ... um liegen zu bleiben ...

... heute Nacht ... komme ich ... vielleicht ... wenn es nicht jemandem ... einfällt ... mir ... noch einmal ... den Abschied zu verderben ...

Vor dem Spiegel

Er rasiert den Flaum an seinem runden Kinn besonders sorgfältig. Er versucht eine neue Frisur, kämmt sein dunkelblondes Haar gegen den Strich nach hinten. Er drückt Frisiercreme aus einer Tube, verteilt sie auf seinen Fingerspitzen und fixiert damit die widerstrebenden Strähnen. Er zieht seinen Steireranzug aus grauem Loden an. Die Knöpfe sind aus Hirschhorn. Die Rockaufschläge sind mit grünem Eichenlaub verziert. Er steht vor dem Spiegel und sagt, ich melde mich freiwillig. Auf eine Antwort wartet er nicht. In seinen Augen liegt ein trotziges Leuchten. Leise verlässt er das Zimmer.

Als er zurückkommt, setzt er sich an den Sekretär. Er blättert in seinen Elektrotechnik-Büchern. Eins nach dem anderen räumt er weg. Seine Hefte stapelt er, dann versperrt er den Rollladen. Danach schaut er die Fotografien an der Wand an. Die Bilder zeigen ihn beim Schi fahren, beim Klettern und auf dem Dachsteingipfel.

Nachts wälzt er sich unruhig von einer Seite auf die andere. Am Morgen wiederholt sich die Prozedur mit dem Rasieren und dem Kämmen der Haare gegen den Strich. Wieder zieht er seinen Trachtenanzug an. Er packt ein paar Kleinigkeiten in einen Koffer. Beim letzten Blick in den Spiegel hält er sich sehr aufrecht. Er gibt seinen weichen Lippen einen entschlossenen Zug. Der Vater betritt das Zimmer. Er umarmt den Sohn. Der verlagert sein Gewicht mehrmals von einem Fuß auf den anderen. Dann macht er sich los und dreht sich um. Die Absätze seiner Schuhe knallen auf den gebohnerten Dielenboden. Die Tür fällt hinter ihm ins Schloss. Der Vater bleibt stehen. Langsam lässt er seinen Kopf sinken. Als er das Zimmer verlässt, geht er wie ein alter Mann.

Am Vormittag kommt das Dienstmädchen in sein Zimmer. Sie zieht die Bettwäsche ab, lüftet Rosshaarmatratzen und Bettzeug und macht gründlich sauber.

Spätabends kommt die Mutter. Ohne Licht zu machen kniet sie vor dem Bett.

Sein Zimmer bleibt unbewohnt. Manchmal kommt das Dienstmädchen, öffnet das Fenster für eine Weile und schließt es wieder.

Dann bringt das Dienstmädchen einen Stapel frischer Wäsche. Sie überzieht das Bett, hängt Handtücher auf den Haken neben dem Waschtisch, füllt Wasser in den großen Krug. Sie wischt den Staub, heizt den Ofen ein und putzt das Fenster. Die Mutter kommt mit einem Korb voller Tannenzweige. Sie steckt Zweige hinter die Fotografien an der Wand und hinter den Spiegel.

Am Abend kommt er. Er trägt eine braune Uniform. Die Metallknöpfe sind poliert. An seinen Rockaufschlägen sind grüne Felder, darauf glänzen Sterne und Balken. Er ist gewachsen. Seine Schultern sind breit. Sein Gesicht ist eckig. Sein Haar ist zurückgekämmt. Seine Rasur ist tadellos.

Fast täglich geht er in Uniform aus. Er schläft lang in den Vormittag hinein. Einmal kommt er erst im Morgengrauen nach Hause. Er geht mit unsicheren Schritten und lässt sich in Kleidern und Schuhen aufs Bett fallen. Nach einer Stunde weckt ihn die Mutter. Ohne ein Wort steht er auf, wäscht und rasiert sich, putzt sich die Zähne und kämmt die Haare zurück. Er bürstet die Uniform. Er strafft seine Schultern und sagt zum Spiegel, ich habe mich freiwillig gemeldet. Dann packt er seinen Koffer.

Lange herrscht Stille in seinem Zimmer.

Als er das nächste Mal kommt, hängt ein schwarzes Kreuz mit silbernem Rand an seinem braunen Hemdkragen und seine grauen Augen liegen tief in dunklen Höhlen. Seine Lippen presst er aufeinander. Er zieht sich um, schleudert Uniform samt Kreuz zu Boden. Beim Gehen stützt er sich auf Krücken. Nachts schreit er und schlägt um sich. Am nächsten Morgen reinigt das Dienstmädchen die Uniform und hebt das Kreuz auf. Jetzt trägt er Zivil. Solbad er ohne Krücken gehen kann, zieht er die Uniform an. Seine Augen liegen noch immer in dunklen Höhlen und die Lippen presst er aufeinander. Nachdem er das schwarze Kreuz mit dem silbernen Rand am braunen Hemdkragen befestigt hat, fragt er den Spiegel, freiwillig habe ich mich gemeldet?

Sein Zimmer ist verlassen. Nur die Mutter kommt manchmal, steht vor den Fotografien an der Wand und kniet vor dem leeren Bett.

Als er zurück kommt, ist sein Haar grau wie das des Vaters. Auch wenn er keine Frisiercreme verwendet, liegt es gegen den Strich. Das Leuchten seiner Augen ist zerbrochen. Nachts liegt er wach und raucht im Dunkel. Von seinem Uniformrock trennt er Abzeichen und Knöpfe ab und wirft sie in den Ofen. Er wickelt die Uniform in Packpapier und trägt sie fort. Nach ein paar Tagen bringt er sie wieder. Der Stoff ist schwarz gefärbt, man hat Hirschhornknöpfe angenäht und an den Stellen, wo Sterne und Balken glänzten, sind die Rockaufschläge mit grünem Eichenlaub verziert. Er holt seine Elektrotechnik-Bücher aus dem Sekretär, schlägt sie auf und starrt hinein. Seiten blättert er nicht um. Er packt seinen Koffer. Dieses Mal nimmt er Hefte und Bücher mit.

Bevor er sein Zimmer verlässt, steht er lange vor dem Spiegel.

Gefahr für Winterland

Seit heute Morgen wissen wir, dass die bereits gestern veröffentlichten Berichte über merkwürdige Vorgänge in unseren Kellern keine Einzelfälle sind. Wie eine aus gegebenem Anlass spontan unter den Bewohnern Winterlands durchgeführte Umfrage bestätigt, können sich auch unsere ältesten Mitbürger an kein vergleichbar bedrohliches Ereignis entsinnen. Völlig im Dunkeln tappt man bisher bei der Frage nach Motiven und Urhebern. Allerdings gehen die Behörden - wegen der Komplexität der Vorgänge - davon aus, dass man eine Einzeltäterschaft ausschließen kann. Wer könnte allein auf sich gestellt und unbeobachtet die notwendigen Informationsstrukturen aufgebaut haben, dass über nicht nachweisbare Schienen Impulse in alle Keller des Dorfes ausgesendet und die Kartoffeln in einer Weise manipuliert worden sind, dass sie praktisch zeitgleich zu keimen begannen? Auch von der vagen Hoffnung, dass es sich nur um einen einmaligen Bosheitsakt gehandelt hat, mussten wir uns heute Morgen verabschieden, als jeder sah, dass es von den Dächern tropft. Diese Vorgänge tragen die Handschrift potenter Profis, die auf den Lebensnerv Winterlands zielen. Das Auftreten weiterer Phänomene ist zu befürchten. Alle Bürger sind aufgerufen, zweckdienliche Hinweise unverzüglich den Behörden zu melden!

100 Kilometer lang, tief und hoch

Ihre Marathons sind Legion. Diesmal sollen es 100 km sein. Sie startet gemächlich, taucht in der heiteren Menge der Läufer unter, trabt unbeeindruckt von allem Wirbel dahin als einsamer Wolf. Kälte und Steifheit verziehen sich langsam im Rhythmus der Schritte aus Muskeln und Gedanken. Bald durchströmt sie der Kick, verbreitet Wohlbefinden, macht sie zum Siegertyp. Sie ist auf dem Weg zum Ziel.

Als die Füße nach ein paar Stunden nicht mehr wollen, läuft sie mit dem Kopf weiter. Laufen ist super. Bei jedem Wetter. Zu jeder Jahreszeit. Laufen hält fit. Jahrelang. Ein Leben lang. Bei Kilometer 95 gehen ihr die Argumente für das Weiterlaufen plötzlich aus. Der Kopf ist leer. Aber es bleiben ja nur noch lächerliche 5 km. Sie läuft aus alter Gewohnheit. Sie läuft, weil sie noch nie aufgegeben hat. Sie läuft, denn der Rhythmus der Schritte lebt noch. Sie läuft, obwohl der Kick längst mit dem Schweiß auf den Asphalt getropft und verdampft ist. Die Füße schreien ihren Hass auf die Straße laut hinaus, sie wollen barfuß durch kühles Wasser waten - sofort. Das schale Zeug, das Betreuer in Plastikbechern reichen, kann sie nicht mehr schlucken. Ihr Magen zieht sich zusammen. Er wird zu Stein. Dem Magenstein wachsen Stacheln. Bestimmt sieht er aus wie ein kleiner Igel. Bei jedem Schritt hüpft er und zerfleischt ihre Eingeweide. Sie hat sich in einen Fakir verwandelt, der mit einem Igel im Bauch über glühende Kohlen läuft. Ein höhnisch grinsender Drache schlägt seine Krallen in ihre Schultern, saugt ihr die Kraft aus dem Nacken und wird davon fett und schwer.

Kurz bevor ihre Knie wegsacken und man sie aus dem Rennen nimmt, verschwindet sie lautlos und unbemerkt. Ihr Laufdress dehnt sich, wird zu einem Abendkleid. Die Socken wachsen die Beine hoch, verwandeln sich in seidige, dünne, weiße Strümpfe.

Der Sommerabend ist lau, sie sitzt auf einer Hotelterrasse. Während der Nachtisch serviert wird, schlüpft sie unter dem Tisch aus den Schuhen und tastet mit den Zehen nach den Füßen ihres Begleiters. Der Wein in ihren Gläsern ist schwer von Sonne und Erde. Merkwürdig nur, dass er plötzlich schal schmeckt und die Gläser sich zusammendrücken lassen wie Plastikbecher. Sie stehen auf und gehen hinunter ans Meer. Der Strand ist dunkel und menschenleer. Die Nacht riecht nach Pinien. Arm in Arm drängen sie dem monotonen Rollen der Wellen entgegen bis sie darin versinken.

Welche Idioten schlagen plötzlich solchen Krach? „Bleib stehen", schreien sie, „bleib endlich stehen, du bist im Ziel!" „In welchem Ziel?", murmelt sie schläfrig. „Lasst mich in Ruhe. Ich will noch eine Weile unter den Sternen im warmen Sand liegen, den Wellen zuhören und unserem Herzschlag."

Betreuer heben sie auf eine Massageliege. Behutsam ziehen sie ihr die Laufschuhe aus. Die seidigen, dünnen, weißen Strümpfe sind wieder zu Socken geschrumpft. Blutverkrustet kleben sie an ihren Füßen. „Lasst mich in Ruhe", sagt sie. „Seht ihr denn nicht, dass das Mondlicht auf meiner nassen Haut spielt und nicht gestört werden darf?"

Weizen

Ich will erwachen
im lindgrünen Brautbett will
in dunkle Tiefen
deiner Augen eintauchen
und meinen Anker setzen

Schwerelos will ich
über Kaskaden fallen
in deine Arme
zwischen Mohn- und Kornblumen
Brot essen und satt werden

Ich will uns Gläser
mit dem alten Wein füllen
und rote Äpfel
an das Herdfeuer stellen
denn die Nächte werden kalt

Wenn Winterstürme
die kahlen Bäume fällen
ist der Gipfel nah
wo das All die Erde küsst
wird uns das Wort begegnen

Spreu

Zwei Spatzen balzen
unter Apfelbaumblüten
wie im letzten Jahr
sie versprechen sich Treue
bis der Frost das Grün verbrennt

Bei Sonnenaufgang
schmiegt sich die Schäfchenherde
rosarot ins Blau
Wolkengebirge aus Blei
bedrücken abends das Land

Wenn der schale Trunk
nach Herbstlaub und Tränen schmeckt
schmerzt der Abschied nicht
lauter als Sommergluten
schreit der letzte Rest im Glas

Eisige Decken
wärmen die Erinnerung
an Bittersüßes
das Atmen der letzten Nacht
verwischt die Spuren im Schnee

Kieselsteine

Taunasse Schollen
strecken sich im ersten Licht
über die Hügel
der Sämann schreitet aus und
bestellt ein anderes Feld

Für kärglichen Lohn
tränkt der Schweiß fremde Gärten
und bringt sie zum Blüh'n
abends steht am Küchentisch
einzig der Suppenteller

Der Zugvogel eint
vier Winde im Wolkenschloss
trinkt reine Mondmilch
und doch schwimmen ihm Schatten
ungebremst den Bach hinauf

Vom Felssturz sind nur
rundliche Kieselsteine
ins Tal gekommen
der Alte hebt einen auf
und wirft ihn hinaus aufs Eis

Im Dorf

Auch wenn Kirschen blüh'n
ist die Stirn eng wie das Tal
hängt der Himmel tief
hat die stärkere Faust recht
und schuld ist der andere

Vor dem Gewitter
ist sogar das Vieh gereizt
seine Hand trifft hart
und Frühgeburten sind halt
nur selten lebensfähig

Der Vorgarten ist
im Herbst der schönste im Dorf
und Kartoffeln sind
schnurgerade gelegt
weil jemand zupacken kann

Wenn tiefer Schnee liegt
dringt kein Schrei durch die Mauern
außer zum Nachbarn
aber der hört und sieht schlecht
und reden kann er auch nicht

Unbesiegt

Brennnesselspinat
Kocht der Hunger im Frühjahr
für sieben Mäuler
bleib heute im Bett liegen
bis deine Kleider trocknen

In Dienst gehn - was sonst
zwölf Stunden hält dich der Herd
doch Sommernächte
wissen von Mondgedichten
und klammheimlichem Lesen

Es ist schon Spätherbst
als Krieg dir die Liebe stiehlt
und ein Kind dalässt
halt den Rücken gerade
und sing noch einmal das Lied

Dein Haus ist bestellt
das Gartenbuch geschrieben
das Tagebuch auch
Bäume an Wasserbächen
überdauern den Winter

Ruhm

Stolpersteine legt
die Schneeschmelze als Spielzeug
in eine Wiege
mit liebem Gruß vom Vater
aus dem Kind soll was werden

Sieben Gelehrte
vertrocknen im Saal obwohl
die Amseln singen
ihr Staub nährt den Studenten
vielleicht wird er satt davon

Drei Frauen stehen
im Regen bis Steinschlag früh
die Ernte zerstört
in den Tälern wohnt Hoffnung
solang die Wintersaat grünt

Der Ruhm schaufelt gern
Gräber für seine Helden
wenn die Nacht beginnt
hält der Schneesturm am Gipfel
einsame Totenwache

Lebensbeichte

Die Zeit zum Spielen
hab ich mir nie genommen
wegen der Arbeit
ich hab mein schneeweißes Kleid
für Fronleichnam gewaschen

Nie hab ich jemals
schamlos nackte Haut entblößt
in einem Strandbad
ich hab mich schlafend gestellt
nachts - der Jungfrau zuliebe

Die Flickwäsche war
Samstagabendvergnügen
auf meiner Hausbank
nur einen Rosenkranz lang
haben die Hände geruht

Das Holz zum Heizen
hab ich fast immer gespart
für mich alleine
braucht die Stube nicht warm sein
und ich grüß alle zuerst

Die Hochzeit
zum Bild von Marc Chagall

Wenn der Altar ruft und
seine Boten drängen
gibt es kein Entrinnen
für die Auserwählte

Wenn vor dem ersten Tanz
der Hahn kräht
breitet Nebel Schweigen
über deine kalte Spur

Wenn die Kerzen erlöschen
feiert das Dunkel
auf meine Kosten

Krähen über dem Weizenfeld
zum Bild von Vincent van Gogh

Der Weizen ist unter der Sonne gealtert
und hätten die Krähen den Sturm nicht gerufen
hätten sie dem Regen nicht rechtzeitig befohlen
das Gelb das leuchtende Gelb zu trinken
es mitzunehmen auf die Reise
als Geschenk für den Regenbogen
wären die blinden Mörder gekommen
verkleidet als harmlose Bauern
um die Farbe des Feldes zu töten
um sie geschnitten und gedroschen
in Säcken abgefüllt in Mühlen zu schleppen
die überall lauern
um lärmend und unter Schmerzen
mein Gelb mein leuchtendes Gelb
zu farblosem Staub zu zermahlen
und meinen Augen das Brot zu stehlen
aber weil ich weiß
dass Blinde in der Dunkelheit wohnen wollen
obwohl der Hunger nach Farbe
sie wahnsinnig macht
werde ich ihnen vergeben
bevor ich den krummen Feldweg beschreite

Rosi Hoffmann
Fragmente

Alte Mauer
keine Höhe

Rosi Hoffmann

Fragmente

Rosi Hoffmann

1934 in Thumersbach geboren, schrieb zuerst in Mundart. Herausgabe zweier Gedichtbände „Zan Denkn anfanga" 1989 und „Zeitzoachn" 1997. Seit 1998 Teilnahme an der Schreibwerkstätte Federkreis.

Fragmente

Manche Einbrüche
verhelfen zu
Aufbrüchen
bleiben als
Bruchstücke haften
sind im Grunde nichts
weiter
als

Fragmente

Ich

werde meine Lieder
so formen
dass aus
umwickelten Worten
Klänge entstehen
die die Tiefen
der Seele berühren

In den Hügeln
der Einsamkeit

verschwinden
die Schatten

verstummen
die Klagelieder

verströmt
die Zeit ihren Atem

Einmal

werden sich meine Zweifel
an Gerechtigkeit
wie Nebel auflösen
Schatten und Licht
ineinander verweben
Erde und Himmel neu sein

einmal

irgendwann

Freiheit

Von der Erdenschwere losgelöst
schaukle ich dem Himmel zu
hänge nur an einem Seil
und der Wind streicht mir
durchs Haar
doch auf einmal wachsen
Flügel
und ich fliege hoch und höher
unter mir nur Sand und Meer

Dahinter

Abgesperrt und ausgesperrt
was blieb übrig
hinter den Mauern

Vielleicht
ein Garten zum Verweilen
mit Bögen und Säulen
aus Buchsbaum

Ein Ziehbrunnen
eine Liebeslaube mit wildem Wein
ein Schemel zum Rasten
für müde Füße

Eine Kinderschaukel ein Ball
ein Sandkasten mit Schaufel
darin ein Puppenkind
und kein Lachen

Verschlossene Tür
im verwitterten Haus
was verbirgst du

Alles bleibt

Waffengeklirr und
Minnesang
Kettengerassel und
schleifende Schritte
Siegesgelächter und
Folterseufzer
widerhallen
vom Kopfsteinpflaster
verwehender Zeiten

Unaufhaltsam
trommelt
der Wächter aufs Neue
zum Turnier auf der Burg

Frühling

Was schreckt dich
der weiße Winterbart

Hör der Vögel Lied
spitz die Ohren am Strauch
schlüpf aus der Erde

Was kümmern dich Schnee und Eis
reck dein Haupt in die Sonne

Sommer

Rosenbekränzt und
ährenbehangen
mit Donnergrollen
im Hinterhalt
durchs hohe Gras schreitend
streut er
sein Füllhorn aus

Spute dich
es lauert die Sense
die längeren Schatten
bedecken dein Feuer

Nütze die Glut
der verglimmenden Tage
im Tanz der Bienen
und dem Geigen der Grillen

Herbst

Sinnestrunken
vom Farbenrausch
übersieht er
sich drehend und wiegend
die Schleier
der Nebelfrau

Erstarrt hält er inne
entflieht zu spät
der Umgarnung

Auf Wein und Rosen
fällt Reif
in der Nacht

Schnee

Gleich einer
Flaumfeder
fallen
glitzernde Flocken
lautlos
ins Feld

Verzaubern die Welt
kristallen
liegt sie im Traum
nichts ahnend
von Mächten
die verborgen
ein Inferno entfesseln

Kindheit

In einem Kokon aus
seidenen Liebesfäden liegen
und von Engeln bewacht
abends in den Schlaf
gesungen werden

An der Vaterhand über
die blühende Wiese streifen
trotz Mutters
erhobenem Zeigefinger
wegen der nassen Schuhe

Unterm Hühnervolk
sitzen und in den Tag
hinein träumen von
goldenen Flügeln und Prinzen
ohne Angst vor der Nacht

Lesen lernen
ist selige Wonne
auf samtenen Pfoten
erschließt sich
die Welt

Jugend

Aufgescheucht
aus dem warmen Nest
hineingepresst
in tägliche Pflichten
fliegen die Träume
hoch in die Wolken

Ausgeliefert
dem Drängen und Fühlen
verfangen
in Wollen und Dürfen
im Erwachen
der Lust

Abwägen
was Lüge was ehrlich
hineinfallen
in taumelndes Glück
und abstürzen
ins Nichts

Und dann
aufbrechen
aus träumenden Pfaden
und eintauchen
ins pulsende Leben

Frausein

Ein offener Kelch
für
perlenden Wein und
Wermutstropfen

Liebe austeilen
endlos gefragt
Leben tragen
als heilige Pflicht

Wenig nehmen
Wünsche verbergen
Boden bereiten
der künftigen Welt

Im Sommer reifen
und ernten im Herbst
ein wärmender Ofen
im frostigen Winter

Sonnenblume

Im Feuerzauber
der Sommertage
erstrahlt sie
verheißt Leben
dem geflügelten Volk

Elemente

Im Feuerzeichen Löwe
lodert das Feuer
verbrennt mit züngelnder Flamme
manches Leben
und doch
geht nicht alles verloren
genährt aus der Feuerwolke
sprießt neues Grün in der Asche
erblüht eine Rose
verströmt ihren Duft
Wasser und Erde
wer kann sie bezwingen

Haiku

Die blaue Stunde
Traumbild zwischen Tag und Nacht
Gottes leise Spur

Still hineingleiten
einen kleinen Augenblick
und geborgen sein

Die Unendlichkeit
mit allen Sinnen trinken
zeitlos verweilen

Gedanken

Kommen und gehen
auf und ab
sich finden verlieren
loslassen
Menschen
sich selbst

was bleibt ist Erinnern

zerbrochenes Glas
verschwommene Worte
ein lächelnder Mund
tanzende Zweige

und doch

verfangen
im Kreis der

Vergangen

Verwachsene Wege
vermögen
den schalen Geschmack
nicht zu deuten
denn
Spinnfäden vergangener Tage
hängen
in den Ritzen der Mauern
und verweben
den Atem ungesagter Worte
mit dem Schrei
nistender Dohlen

Wilder Wein

Hast im Blühen und Reifen
alles gegeben

liegst mitten im Leben
gebrochen am Tisch

unversehrt noch
sind Blätter und Früchte

doch bald bist du
Abfall im Schatten des Nichts

Herta Wierer

biegen oder brechen

Herta Wierer

biegen oder brechen

Herta Wierer

Zell am See, schreibt, komponiert Lieder und spielt Gitarre. Sie beschäftigt sich gerne mit alten und vom Leben zu kurz gekommenen Mitmenschen.

Die andere Freiheit

„Ich möchte über die Türklinke springen", sagt Elsa. „Was?" „Springen – Häuser fassen – Dächer behüpfen", meint die alte Frau. „Man kann nicht auf Türklinken springen", sagt jemand. Elsa senkt den Kopf und flüstert: „Aber – ich – könnte..." „Ja, man könnte!" ruft eine Schwester über den Flur. „Aber nicht, wenn man so verwirrt ist wie du!"

Elsa kauert sich im Rollstuhl zusammen, hält sich die Hände vor die Augen und denkt: „Jetzt sehen sie mich nicht."

„Komm, wir springen", flüstert sie der Katze ins Ohr, die gerade auf ihren Schoß hüpft. Die Katze rollt sich zusammen. Elsas Blicke verlieren sich in der Ferne. Innere Bilder erwachen. Jauchzend läuft sie in Opas ausgebreitete Arme, springt auf seinen Schoß und durchwühlt seine Jackentaschen nach dem versteckten Bonbon. Aus dem Garten ruft ihr Bruder: „Elsa, der Nachbar ist fort!" Sie klettern auf seinen Baum und springen zurück in den Vorgarten. Ein Lächeln erhellt das runzelige Gesicht der alten Frau. Ihr Fallschirm pendelt zwischen Wolken und Hausdächern. Hand in Hand landet sie mit ihrem Mann in einer Blumenwiese.

Elsa jauchzt – springt vom Rollstuhl und stürzt in die Freiheit.

Phantasma

Als ihm aus dem Spiegel glanzlose Augen entgegenblickten, schrieb er in sein Tagebuch: Es muss auf dieser Scheißwelt noch etwas anderes geben.

Der Weg in die Freiheit führte über einen vom Rost zerfressenen, efeuumrankten Gitterzaun. Zwischen Hausruinen und Baukränen, Schutt und Müllhalden, fand er neue Freunde. Sie stachen stumpfe Nadeln in ausgezehrte Arme und setzten rosarote Brillen auf. Lavaströme wälzten sich durchs Schlaraffenland.

Ich bin im Jenseits, schrieb er im Delirium in sein Tagebuch. Ich werde auferstehen – in Radios, Steinen, Häusern und Pflanzen. Als das Neue alt geworden war, verkrochen sich seine Widersprüche hinter leeren Augen. Übrig blieben wilde Träume, Krampfanfälle und die tägliche Sorge, wo krieg ich den nächsten Schuss her?

Sein letzter Schuss begann verheißungsvoll. Farbkompositionen vermischten sich mit Gesängen. Dann hörte er seinen nie geborenen Bruder schreien. Ein feuriges Gefährt katapultierte ihn dem Himmel entgegen. Ich kann fliegen, schrie er und landete mit ausgebreiteten Armen am Fuß der Kellertreppe.

Da riss sich sein Freund die rosarote Brille vom Gesicht und schleuderte sie in den verstaubten Spiegel. Stecknadelkleine Pupillen starrten ihm entgegen. Es muss auf dieser Scheißwelt noch etwas anderes geben, rief er. Dann drehte er sich weinend um und stieg über zuckende Körper und den vom Rost zerfressenen efeuumrankten Gitterzaun auf die andere Seite.

Ungeheuer

Nächtliches Poltern. Vater kommt heim.
„Verdammte Hure – steh auf", brüllt er.
Mühsam erhebt sich die schlaftrunkene Frau im Nachthemd.
Das Geräusch der Schläge geistert durchs Schlafzimmer.
Weinen durchsickert die Stille.
Das hört nie auf.
Verkriechen – verstecken.
Erneutes Poltern.
Schnarchen – Gestank.
„Mama, tut es arg weh?" fragt das Kind.
Verhaltenes Schluchzen ist Antwort genug.
Das Kind weiß, es ist jetzt besser zu schweigen.
Kahle Wände – verstummte Mutter.
Stöhnendes Keuchen des Vaters.
Aufschrei im Kinderbett.
Da – das Ungeheuer kriecht über den Boden, presst seine Hände auf das Gesicht des Kindes, küsst es.
„Geh weg", schreit das Kind. „Lass mich los – und meine Mama auch!"
Verkriechen – verstecken.
Das hört nie auf.

Blitz im Hirn

Tagelang von Krämpfen zerschunden am Boden liegen. Stürze ins Nichts überleben. Hoffen, dass sich die Tür von außen öffnet. Oftmals der Einsamkeit trotzen oder sich mit ihr anfreunden. Schneller erwachsen werden müssen als andere und der Frage ausgeliefert sein: Warum ich?

Jahrtausende lang verruchte Krankheit. Quer durch Bibel und Länder geheiligt oder verteufelt.

Anfälle – Bewusstseinsverlust. Verletzt – verwirrt an fremden Orten erwachen. Allein oder geborgen. Verachtet oder bemitleidet. Wutlöcher von Überbehütung in die Welt schreien. Unzählige Krankenhausaufenthalte vereiteln.

Blitz im Hirn. Funkstille. Straßensturz. Dezemberwind wirbelt Sterne vom Himmel. Erleuchtete Fenster täuschen Weihnachten vor, während sich Karl aufrappelt und eine warme Decke herbeisehnt. Taschentücher, fest an die Stirn gepresst, sollen die Blutung stoppen. Karl filtert die Umgebung durch seinen Grauschleier aus Übelkeit. Alles ok. Keiner da. Nichts wie weg!

Dann steht er vor einer Bruchbude, die vortäuscht, Haus zu sein. Anstatt der Fenster starren Löcher auf die Straße. Der Hinterhof gaukelt Wohnzimmeridylle vor. Gestrüpp wuchert zwischen Matratzen. Vergammelte Klamotten hängen wie Lametta auf Bäumen und Sträuchern. Neben Speiseresten und Kochgeschirr verrichtet ein Sandler seine Notdurft.

Karl möchte heimgehen, aber seine Füße werden immer schwerer. Schneeschauer treiben ihm Tränen in die Augen. Zwischen zerlumpten Gestalten, die sich wortreich duellieren, sinkt er auf eine stinkende Matratze. Eine Ratte läuft fiepend davon.

„Verrückt. Wir da – die draußen", lallt Karls Matratzensitznachbar und hält ihm die Weinflasche hin. „Magst saufen?", fragt er und zieht seine Mütze tief ins bärtige Gesicht. Alle grölen, als Karl vom nächsten Anfall überrascht wird. Von Krämpfen geschüttelt liegt er da. Er träumt von vergangen Erfolgen. „Ich war gut", denkt er. „Ich möchte fliegen, aufsteigen, siegen." Jemand zerrt an seiner Jacke. „Sauf ein Bier", brummt die pelzbehangene Gestalt. „Was ist los mit dir?"

„Epilepsie", haucht Karl verschämt. „Aa, nicht bsoffen bist", schreit der Sandler. „Anfälle hat er", und dann lallt ihm ein Betrunkener ins Ohr. „Macht nichts. Du hast Epilepi – und i hab an Rausch".

Die verbotene Hand

Mit dem Schuleintritt veränderte sich Karins Leben. Vieles, was vorher richtig gewesen war, erwies sich nun als falsch. Karins Mitschüler hatten zwei gute Hände. Sie nicht. Mit der schlechten Hand durfte man nicht essen, nicht schreiben. Auch wenn Karin versuchte, die linke Hand zu verstecken, gelang es dieser immer wieder, Schreibzeug oder Suppenlöffel zu erhaschen. Diese Hand konnte gestochene Buchstaben ins Heft schreiben und löffelte Suppenteller leer, ohne einen Tropfen zu verschütten.

Karin weinte nie, wenn der Lehrer mit dem Rohrstock auf ihre kleinen Hände schlug, aber daheim nagte sie an ihren Fingernägeln und riss die Nagelhaut wund. Einmal erklärte sie ihrer Mutter: „Ich will nicht schreiben lernen – nur lesen. Den Büchern ist es egal, mit welcher Hand ich umblättere."

Karins Stammplatz war in der ersten Bank – dort, wo der Lehrer sie am besten sehen konnte. Die Mitschüler verhöhnten sie wegen dieser Hand, die schreiben wollte, aber nicht durfte. Die Buchstaben der rechten Hand stolperten über die Blätter wie aufgescheuchte Hühner. Andere lehnten sich zur Seite, als ob sie vom Papier springen wollten. Die i-Punkte versteckten sich in der Füllfeder und verschwanden. „Ja wo sind denn die kleinen Punkte?", witzelte der Lehrer zuerst – dann malte er rote Kugeln auf die i. Karin konnte sich seinen Unmut nicht erklären. Wozu Pünktchen auf Buchstaben kleben?

Am Ende des Schuljahres konnte sie zwar nicht besonders gut schreiben, dafür aber umso besser lesen.

Neben Schneeglöckchen
Pfingstrosen erahnen

zwischen Sonnenblumen
Zugvögel verabschieden

Eisblumen
auf Astern hauchen

und

ins Licht springen
wenn es dunkel wird

Zwischen den Fronten
jenseits des Schattenlandes
hör ich dein Weinen

Um Frieden betend
ziehe ich Hoffnungsschimmer
durch Minenfelder

Ich will sie finden
blühende Sonnenblumen
in Kinderaugen

Morgen

Auf Tauperlenfüße
Sonnenstrahlen malen
Vogelfedern
in den Wind träumen
Lauscher
zwischen Ähren entdecken
Kornblumen
ins Tagebuch kleben
und die Schnecke bewundern
die ihr Tempo selbst bestimmt

sturmtief

blätterrauschen
losgerissen
sturmgejagt
mauerbröckeln
borkenrisse
angenagt
schuldengraben
zugeschüttet

irgendwo
einfach so
gramverbittert
schmerzdurchwittert
stirbt der schrei

Im alten Haus

Bring mir das Schaf, befahl Peter seiner Schwester. Welches Schaf, wollte Hanna wissen. Hol es, ich will es scheren. Weil Hanna kein Schaf in der Spielzeugtruhe finden konnte, schleppte sie die alte Katze herbei. Da hast du dein Schaf, Bauer, sagte sie und legte das schnurrende Tier auf Peters Knie. Mutter schrie entsetzt, als sie das kahlgeschorene Bündel in eine Wolldecke hüllte.

Wenn der Wind durchs Dach heulte und dicke Regentropfen auf die morschen Holzschindeln prasselten, schob Mutter die Kinderbetten von einer Zimmerecke in die andere und spannte Regenschirme darüber. An den Wänden wucherte Schimmel. Kochtöpfe standen auf dem Fußboden und fingen die Regentropfen auf. Hanna kroch jauchzend zwischen den Töpfen und patschte mit ihren kleinen Händen ins Wasser. Von diesem Spiel konnte sie nie genug bekommen. Später reihte sie die Töpfe so aneinander, dass sie dazu singen konnte. Sie wirbelte durchs Zimmer, schlug mit dem Kochlöffel an die Blechgefäße und vertrieb damit den Regen. Zaungäste applaudierten durchs Fenster.

Als Hanna die Gemeinschaftswaschküche im Keller aufsuchte, fragte sie leise, Mama, ist da wirklich kein Teufel drinnen? Nein, sagte die Mutter und hielt die flackernde Kerze fest. Unterm Arm trug sie die Katze. Aber was da drinnen ist, ist nicht viel besser. Dann schubste sie die Katze in die Waschküche. So, meinte die Mutter, in ein paar Stunden, wenn die Katze die Ratten vertrieben und die Mäuse gefressen hat, kommen wir zurück.

Im Erdgeschoss, unter Hannas Familie, lebten zwei Sonderlinge. Niemand kannte sie, und doch wusste jeder über sie Bescheid. Sie hausten in einem Bretterverschlag aus alten Gemüsekisten.

Dass ihr ja nicht zu denen hingeht, wurde den Kindern eingebläut, deren Neugierde dadurch noch geschürt wurde. Als Hanna bei einem ihrer Regentänze zu fest auf den Holzboden stampfte, brach er knirschend und sie landete einen Stock tiefer zwischen den Sonderlingen. Während sie dalag und dachte, jetzt werden sie mich umbringen, hörte sie die Frau sagen, Ernst, so hilf doch diesem armen Kind. Hanna blickte in ein runzeliges Gesicht. Es sah aus wie ein geschrumpelter Apfel. Der Rücken der Frau war gekrümmt, wie die Äste einer alten Eiche, und am Hals prangte ein Kropf, groß wie ein Entenei. Auf einen Besenstiel gestützt humpelte der alte Mann herbei. Als er Hannas fragenden Blick bemerkte, sagte er, das andere Bein hab ich im Krieg verloren. Dann saß Hanna zwischen den alten Leuten auf einer Kiste neben dem Herd. Auf dem Boden türmten sich leere Bier- und Weinflaschen. Ernst schnitzte an einer Heiligenfigur und Erna, so hieß die alte Frau, breitete stolz ihre selbstgefertigten Handarbeiten vor dem staunenden Kind aus. Am Abend nagelte der Vater ein Brett über das Loch im Fußboden. Von nun an durfte Hanna, wann immer sie wollte, die alten Leute besuchen. Mit Ernst machte sie erste Schnitzversuche und von Erna lernte sie stricken. Wenn die beiden betrunken waren, weinte Ernst um sein verlorenes Bein, das immer noch schmerzte, obwohl es gar nicht mehr da war, und Erna versuchte ihren verkrümmten Rücken auf zu richten, was aber nicht gelang. Nachdem Hanna diese zwei alten Menschen liebgewonnen hatte, glaubte sie nicht mehr alles, was andere über jemanden erzählen, den sie nicht kennen.

Neben Hannas Familie wohnte eine alte Frau. Oft riss sie die Tür auf, sobald jemand durch den Flur tappte und schrie, euch Fratzen werd ich die Hälse lang ziehen. Den Kindern machte es Spaß, die Frau zu ärgern. Oft pochten sie an ihre Tür und riefen, Furie! Furie! Wenn sie dann besenschwingend hinterher jagte, jauchzten sie. Einmal rutschte Peter auf der seifenverschmierten Treppe aus und landete kopfüber im Keller. Wachsbleich lag er da.

Der rasch herbeigeeilte Doktor fiel ebenfalls hinterher. Die Frau schrie, hab ich's euch endlich gegeben! Der Doktor versammelte die Kinderschar um sich und sagte, Kinder, ärgert die alte Frau nicht mehr. Sie kann nichts dafür. Sie hat alle ihre Lieben im Krieg verloren. Jetzt ist sie ganz allein und deshalb so böse. Da der Doktor neben Pfarrer, Apotheker und Richter einer der wichtigsten Menschen im Dorf war, glaubten ihm die Kinder. Auch wenn es ihnen sehr schwer fiel, schlichen sie nun leise an der Tür der alten Frau vorüber, überhörten ihr Gefluche und nannten sie nie wieder Furie.

Neben Erna und Ernst hauste eine Frau mit vielen Kindern. Sie waren schmutzig und mager und jedes hatte einen anderen Vater. Manchmal kam eine Dame von der Fürsorge und brachte Lebensmittel und Kleider. Naserümpfend stieg sie über die feuchten Matratzen, öffnete die Fenster und stöhnte, o Gott, o Gott. Immer wieder verließ sie mit einem Kind das Haus, was aber kaum auffiel, da gleich darauf ein neues Baby ankam.

Auf dem Dachboden nistete Hannas alte Taufpatin wie ein Vogel in einem winzigen Verschlag. Sie wurde von allen Hausbewohnern geschätzt und so mancher Streit fand durch ihr salomonisches Urteil ein glückliches Ende.

Seltsame Wiederkehr

Sanft küsst sie mich wach, wirbelt lachend durchs Schlafzimmer. Ich möchte sie fangen, festhalten, mit ihr meinen Traum vollenden, aber sie drückt mir kühl Feder und Papier in die Hand. Lass das, fauche ich. Nicht jetzt. Gereizt drehe ich mich um. Aufwachen! Befiehlt sie. Erschrocken springe ich aus dem Bett. Sie ist wirklich da.

Du hast mir nichts zu befehlen. Du gehst, wann es dir einfällt, kommst, wann es dir passt, und ich? Was ist mit mir? Wütend wische ich mir Tränen aus dem Gesicht. Ich habe zu lange vergeblich auf dich gewartet, mich vor Sehnsucht nach dir in den Schlaf geweint. Im Novembersturm bin ich auf die hohe Eiche geklettert, um nach dir Ausschau zu halten und sogar den Falken habe ich dir nachgeschickt. Als ich, beinahe gelähmt, Löcher in die Luft starrte, bis meine Gedanken Purzelbäume schlugen, sind meine Freunde geflohen. Ich war dem Wahnsinn nahe, als sich Schmetterlinge in meinem Bauch in glühende Ungeheuer verwandelten. Damals habe ich mir geschworen, dich nie mehr zu lieben, deine Spiele nicht mehr mitzuspielen.

Nun bist du wieder da. Schwebst elfenhaft übers Klavier, funkelst mich verführerisch an, befiehlst, forderst und drückst mir Papier und Schreibzeug in die Hand.

Meine Finger gleiten übers Papier. Gedanken verwandeln sich in Wörter. Sätze springen durch den Raum und ich schleudere dir wüsteste Beschimpfungen entgegen – verjage und fange dich – rufe dir zu: „Schön, dass du wieder da bist!"

Fernweh

Mit den Feldhasen
über die Rollbahn jagen
Strandträume beim Abschied in
den Dorfteich werfen
nach dem Heuaufladen
Ansichtskarten aus Haiti versenden
in Königsschlössern
übernachten
und
erwachen
wenn die Stechuhr summt

Emanzipation

Wieder aus dem Bett
steigen

abgetragene Kleider
verbrennen
Samtpfoten
 in Adlerflügel
verwandeln

Wieder aus dem Bett
steigen

Wellen
in die Gezeiten denken
Perlen
in den Sturm werfen
und
mit den Kindern
unter
der Jakobsleiter
Jahresringe zählen

Am Anfang wollte ich

Nähe
Liebe
Nahrung
trockene Windeln
ein weiches Bett   h a b e n

und musste mich dafür   a n p a s s e n

Ich
      r a n d a l i e r t e
      b o y k o t t i e r t e
      p r o t e s t i e r t e

Vielleicht werde ich schon morgen wieder

Nähe
Liebe
Nahrung
trockene Windeln
ein weiches Bett   b r a u c h e n

und vergeblich

      r a n d a l i e r e n
      b o y k o t t i e r e n
      p r o t e s t i e r e n

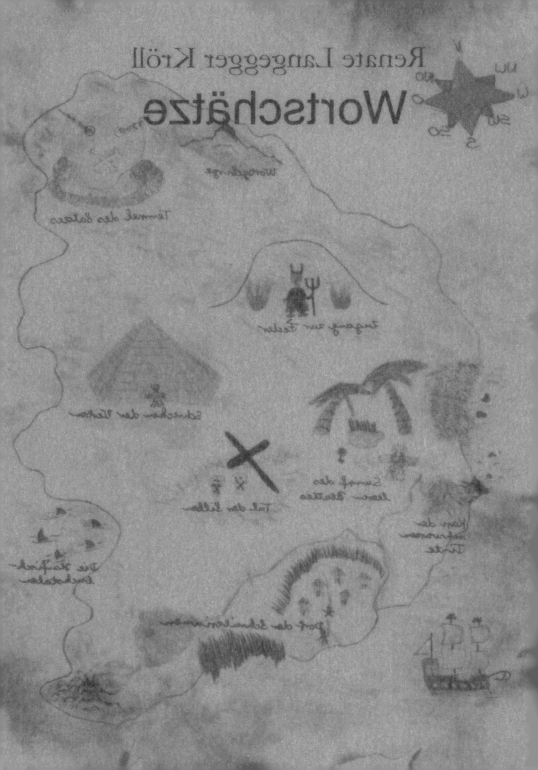

Renate Langegger-Kröll

Jahrgang 1969, schreibt, träumt, spinnt, liebt und arbeitet in Saalbach Hinterglemm; erste Schreiberfahrungen in der Kalendergruppe Inner Gebirg.

Brandmal

Unzählbare Augenblicke
nisten am Rand der Wunde
doch Feuerflügel
zermahlen
das Geschehene zu Asche
Neues gedeiht

Dein Eid

Wo sich
im finsteren Raum
unsere Blicke
umarmen

im Gleichklang
Kristallgläser
musizieren

unser Hauch
neue Luftstraßen
kreuzt

dort willst du mir
die Füße waschen

Die Müdigkeit der Nacht
ruft die Dämmerung
und der Morgentau
tänzelt durchs Blattwerk

Noch frieren meine
Träume
im Nebellicht

Der Atem rutscht
durchs Schlüsselloch
aus
Schlössern und Palästen
trifft
Elend und Armenbrot
in der linken Hand

Die rechte
stopft inzwischen
Alltagslöcher
mit endlosem
Garn

Der Atemzug streift
die Felswand
auf heißen Steinen
liegen Silben
und warten auf
dein Kommen

Du hast dich
mir versprochen
denn das
Echo
schwingt das Netz
meiner Liebe zu dir

Der Schlaf

Kein Traum hat offene Augen
die Wunde schmerzt nie
meine Märchen haben gelogen

Die Erinnerung teilt das Sein
in Hunger und Atem
meine Gefühle ruhen

Dämonen bewohnen mich nachts
Sätze wachsen in die Tiefe
unklare Zeichen kriechen an mir empor

Nachtkälte verbündet sich
mit meiner Angst
verschollene Namen und Daten
spannen mich vor die Räder
des Alltags

Eine Reise

Über den Dächern des Dorfes
barfuß den höchsten Berg
besteigen
keimende Wolken
sammeln
auf Pollen durch
den Frühling
reiten

und am Ziel das Gelb von
der Nasenspitze wischen

Einsam

Der Schatten
drückt am Schuh

Abends
nach langem Gehen
bersten meine
Lebensspeicher
vor Müdigkeit

Am Weg sind keine
Zeichen mehr
und vergeblich
schlagen meine
Gedanken Brücken

Heimatsuche

Ich
schreibe auf schwarzem Sand
Hände tanzen
im Regen

Mit gewichtigem
Traumkoffer reise ich
zwischen Alltagen und
Sonnentagen durch
fremdgewordene
Welten

Ich finde kein Ziel

Landkarten sind schlechte
Begleiter

Judas

Vor den Scheiben
hängt der Regen
das siebte Jahr

Ich entzünde
in der Stille
nie Gesagtes

Belogen betrogen
in Ohnmacht
verloren

In Rauch und Asche
lasse ich heute
unser Betttuch wehen

Lebensabend

Gefangen von glänzenden
Spiegelscherben
zwischen Angst und Alter
dem Tod
einen Flügelschlag
näher als sonst
verwischen sich
Speichelfäden
am Horizont

Lebensnotwendigkeiten

Lachen ein Leben lang
unerschrocken altern
wieder lila Latzhosen
tragen
und Sex will ich haben
trotz meiner grauen Haare

Liebesfang

Im Sand vergraben
entführen mich
Wörter
unter ihre
Flügel

Sie wärmen
den Blick
für das
Wesentliche

Märchenprinz

Tarnendes Grün
des unterm Erlstrauch
hockenden Fröscheleins
helle Angst vor der
ersten Liebkosung
leuchtet aus seinen
Augen

aber ich küss es
gleich zweimal

November

Der Schneewind
trägt heute
einen Namen ins
Totenbuch

Blicke wuchern
im frostigen Erdboden
dort
wo die Schaufel
stecken blieb

und
Träne um Träne
belügen die Leere

während einige
Saatkrähen
immer noch lachen

Oft wächst in ihrem Garten
Einsamkeit
siebenundsiebzig Jahre irren
in ihrer Welt umher
schwanken vom Tag in
die Kälte
Kalender und Glockenschläge
begraben die Zeit
im falschen Beet
sie weint
wenn der Regen fällt und wirft
ihre Tränen in Staublöcher

Silbenzweige
blühen
zwischen
der Terz
der Regentropfen
und der geschliffenen
Schere des Gärtners

Vernissage

Einen Sommer aus Wörtern malen
den Klang der Vokale ändern
Wünsche ins Haar flechten
erst dann die Bilder
ausstellen

Die Nachbarn einladen
und jemandem neu begegnen

Wenn die Sonne
ihr Wendefest feiert
und Regentropfen
durstige Münder
füllen
dann
zählt
das Uhrwerk
des Sommers
die Fäden
der gewebten
Träume
rückwärts

Zwiesprache

Einen Traum im Opal
bewahren
Handwärme und Augenblicke
wachen
mit dem Schneekristall
und dem
Frühlingszweig

bis der Morgen
einen Herzschlag
gebiert

Gerlinde Allmayer
fallweise

Gerlinde Allmayer

fallweise

Gerlinde Allmayer

Geboren 1958. Lebt in Niedernsill. Schreiben bedeutet für sie, die Grenzen der Wahrnehmung zu überschreiten.

Fallbeispiel

Als Kind hatte sie eine bezaubernde, mitreißende Art aufzufallen. Einmal stolperte sie, während sie übermütig herum hüpfte und riss im Fallen das Tischtuch samt Essensresten und Geschirr zu Boden. Niemand schimpfte; alle hatten Gefallen an ihr.

Später wurde ihr Name fast immer in abfälliger Weise genannt.

Manche ihrer Verwandten sahen sie sogar als hoffnungslosen Fall.

Sie ließ Kopf und Schultern hängen, ihre langen Haare fielen in Strähnen über ihre Wangen.

Ihre Stimme hatte einen trotzigen Unterton, sie sprach wenig, und wenn, dann nur über Bücher, die sie gelesen und die ihr gefallen hatten.

Das wollten ihre Freunde auf keinen Fall hören. Sie missverstanden jeden, der nicht so sprach wie sie selbst und waren sich einig: Diese Freundschaft lassen wir fallen!

Die Falle der Isolation schnappte zu.

Wenn sie nach der Schule heimkam, nahm sie sich ein Buch, ließ sich auf ihr Bett fallen und las bis spät in die Nacht. Geschichten von kräftigen Holzfällern, von heulenden Fallwinden, von verfaulendem Fallobst, von Falltüren und Türen, die ins Schloss fielen, von ungewöhnlichen Vorfällen, die Menschen zu Fall brachten, kurz und gut von allem, was die Schwerkraft abwärts bewegte.

Jahrelang verfiel sie nun den Büchern und wäre wahrscheinlich auch nie mehr ins wirkliche Leben zurückgekehrt, hätte sie nicht eines Tages einen kurzen Blick aus dem Fenster fallen lassen.

Ein junger Mann ging auffällig über die Straße, einen Stapel Bücher balancierend. Er gefiel ihr auf der Stelle und so beeilte sie sich, ihn zu treffen. Von diesem Tag an veränderte sich die Falllinie ihres Lebens. Die Liebe hing gleich einem Fallschirm über ihr und das Glück fiel vor Demut auf die Knie.

Unablässig fielen Wörter aus ihrem Mund, ihrem Liebsten ins Ohr und wenn er nicht bei ihr war, auf ein Blatt Papier. Sie ließ sich in seine Arme fallen und er ließ sie nicht fallen.

Bald schon gefiel sie sich in der Mutterrolle. Unauffällig normal lebte sie bis zu ihrem Tod in unserem Dorf.

Längst hatten wir sie vergessen, als uns ein Stapel Hefte in die Hände fiel. Angesichts der vielen Gedichte und Geschichten fielen uns vor Staunen fast die Augen aus dem Kopf. Mit ganz einfachen Mitteln, wie Papier und Füllfeder, hatte eine Frau ein Bild von der Liebe zum Leben hinterlassen, unendlich behutsam nach Sternen greifend, bis zum leisen, zerfallenden Ende.

Damit hatte sie ihr Bild, das wir von ihr gehabt hatten, auf ihre Weise aus dem Rahmen fallen lassen.

Wintermorgen Teil 1

Katharina streckt ihre bettwarmen Füße in den ungeheizten Raum. Sie schlüpft in dicke Filzpatschen und geht zur Schlaf-kammertür. Der Schlüssel ist mit einer dünnen Eisschicht überzogen; die Tür führt ins Freie.

Katharina stapft auf der schneebedeckten Holzstiege nach unten. Eisiger Wind fährt ihr durchs Nachthemd. Sie drückt die Haustür auf und kommt in die Küche. Hier ist es nicht viel wärmer als draußen, aber wenigstens windgeschützt. Mit klammen Fingern dreht sie den Docht der Petroleumlampe höher. Dann nimmt sie ein Spanscheit und schnitzt mit einem großen Fleischmesser blitzschnell millimeterdünne Späne zurecht.

Nachdem Katharina das Herdfeuer entfacht hat, wuchtet sie ein paar Eisenringe von der Herdplatte und stellt eine tiefe, mit Wasser gefüllte Pfanne direkt aufs Feuer.

In einer Steige neben dem Herd befinden sich die Hühner. Sie recken ihre Hälse durch die hölzernen Gitterstäbe und gackern ungeduldig nach Futter. Katharina rührt den Hühnerdalken an. Sie füttert die Tiere.

Als sie nach ihren, auf der Eckbank liegenden Kleidern greifen will, hört sie ihren Mann auf der Stiege poltern. Schnell macht sie sich ans Muaskochen. Sie schaut ihren Mann nicht an, als er in die Küche kommt. Er sagt nichts und so weiß sie, dass er noch böse ist. Mit gesenktem Kopf schöpft sie Mehl in eine Schüssel und gibt heißes Wasser dazu.

Gestern Nachmittag hatte das Unheil begonnen. Beim Krämer hatte sie sich ein kleines Stück Schweizerkäse gekauft. Nicht weil sie Hunger gehabt hätte, es war eher das Verlangen nach Abwechslung. Später hatte sie das schlechte Gewissen geplagt und sie hatte diese Sünde am Abend ihrem Mann gebeichtet. Er war sehr zornig darüber gewesen und hatte ihr bis spät in die Nacht Vorwürfe gemacht.

Katharina weiß, dass sie etwas Unrechtes getan hat, trotzdem kann sie keine Reue empfinden. Nur eine schwere Traurigkeit lastet auf ihrem Gemüt.

Ihr Mann würgt schweigend an den Muasbrocken herum. Sie stellt ihm ein Häferl mit Milch auf den Tisch. Plötzlich befällt sie die Angst, er könnte aus dem Haus gehen, ohne ein erlösendes Wort. Eiskalt sind ihre Hände und Füße. Ich weiß gar nicht, bei welchem Bauern er heute sein Tagwerk verrichten muss, denkt sie, als sie eine karge Brotzeit in seinen Rucksack packt.

Er zieht sich seine Wollgamaschen über die Schuhe, nimmt Rucksack und Hut und schlägt die Tür hinter sich zu. Heiß rinnen Tränen über ihre Wangen. Sie glaubt schon, in dieser tiefen Traurigkeit ersticken zu müssen, da streift sie ein kalter Luftzug. Er kommt zurück. Seine Fäustlinge hängen noch über dem Herd. Er sieht zu ihr hin und sagt: Zieh dir was an, bevor du die Kinder weckst. Sie holt sich ihre Kleider und atmet erleichtert auf.

Durch die kleinen Fensterscheiben fällt das erste Tageslicht.

Wintermorgen Teil 2

Katharina räkelt sich zu den Klängen aus dem Radiowecker. Barfuß geht sie zum Fenster und schiebt den Vorhang zur Seite. Schneeflocken fliegen waagrecht an den Glasscheiben vorüber. Es scheint ein kalter Tag zu werden.

Katharina blickt auf ihren schlafenden Ehemann. Fast steigt ein wenig Groll in ihr auf. Früher hatten sie oft ihre Rollen getauscht und er war gut gelaunt aus dem Bett gehüpft, hatte das Frühstück zubereitet und sie zärtlich geweckt. Seit er in seinem Beruf immer mehr gefordert wird, kommt er am Abend meistens ausgelaugt heim. Und so hatte sie mit der Zeit die Haushaltspflichten, aus Rücksicht auf ihn, zum größten Teil übernommen.

Sie geht in die Küche und füttert den kreischenden Wellensittich. Manchmal ärgert sie sich, weil sie den Kindern erlaubt hat ein Tier ins Haus zu bringen. Als ob ich nicht schon genug Arbeit hätte, denkt sie.

Sie schaltet die Kaffeemaschine ein und fängt an, den Tisch zu decken. Plötzlich fällt ihr Blick auf den Küchenschrank. Sie erstarrt fast vor Schreck! Neben der Brotschneidemaschine liegt die Rechnung ihrer neuen Jacke. Sie kann sich nicht erinnern, den unheilvollen Zettel auf diesen Platz gelegt zu haben. Mit zittrigen Fingern zerknüllt sie ihn. Da hört sie die Klospülung. Ihr Mann ist wach.

Hastig vergräbt sie die Papierkugel im Mülleimer. Er kommt in die Küche, murmelt einen Gutenmorgengruß und setzt sich an den Tisch. Er wirkt sehr bedrückt.

Bestimmt hat er gestern Abend die Rechnung gesehen, hämmert es in ihrem Kopf. Katharina, wird er gleich sagen und sie kann schon seine besorgte Stimme hören, Katharina, was fällt dir ein? Willst du uns in den Abgrund treiben mit deiner ewigen Einkauferei? Dann wird sie zu schluchzen beginnen; sich trotzig rechtfertigen, die Beleidigte spielen. Sie hasst solche Szenen.

Er isst sein Frühstück und schweigt. Sein Schweigen legt sich wie ein unsichtbarer Vorhang über Katharina. Sie will reden, möchte erklären, dass sie manchmal einfach nur unbeschwert sein will, einmal nur für den Augenblick leben, den Schuldenberg vergessen und sich über eine neue Jacke freuen können. Aber wenn sie ihn ansieht, verfliegt ihr Mut.

Alles wäre leichter zu ertragen, wäre da nicht diese schreckliche Ungewissheit: Hat er die Rechnung gesehen oder nicht? Vielleicht ist er nur gezeichnet von einer schlaflosen Nacht und deshalb so ruhig.

Katharina packt etwas zu essen in seine Arbeitstasche. Als er ins Badezimmer geht, um sich anzuziehen, geht sie hinter ihm her. Ich werde noch eine Arbeit annehmen, schmettert sie plötzlich in die Stille, nichts Schweres, nur ein paar Stunden an drei Nachmittagen in der Woche.

Erschrocken dreht er sich um. Das halte ich für keine gute Idee! Du bist doch schon am Vormittag weg. Die Kinder brauchen dich. Was ist eigentlich mit ihnen? Weckst du sie nicht?

Sie nickt und wird federleicht. Dann atmet sie tief durch und lässt sich in einen neuen Tag fallen...

irden war die vernunft und wir
gingen mit sicheren schritten
barfuß bis die lust
anfing ein schlaflied zu
summen
einen steinwurf weit
entfernt stimmten wir ein
wohlwissend dass nicht
tot ist was schläft

Das Horoskop

Es ist einer der üblichen Morgen. Nicht der nötige Schwung um rechtzeitig aufzustehen, zu spät dran um ein anständiges Frühstück zu verzehren, eine Tasse Kaffee im Stehen und ein kurzer Blick in die Zeitung. Nur ein Blick.

Fang jetzt ja nicht an zu lesen, sage ich streng zu mir, auch nicht die Schlagzeilen auf der Titelseite. Aber zu keiner Zeit ist mein Wille so schwach, wie früh am Morgen.

Wenigstens das Fernsehprogramm. Der lange Arbeitstag lässt sich viel leichter ertragen, wenn ich weiß, was mich im Hauptabendprogramm erwartet. Auch der Wetterbericht ist von großer Bedeutung. Kleidungsmäßig wenigstens.

Auf der Wetterseite befindet sich das Tageshoroskop und irgendwie bleiben meine Augen daran hängen. Ich erschrecke heftig.

Unter meinem Sternzeichen steht: LASSEN SIE SICH HEUTE NICHT VON DER ARBEIT ABLENKEN! DAS KÖNNTE UNGLÜCK BRINGEN.

Mir steht der Angstschweiß auf der Stirn. Meine Hände zittern, als ich zum Telefon greife und die Nummer meiner Arbeitsstelle wähle. Ich melde mich krank. Auf keinen Fall werde ich heute arbeiten! Anschließend setze ich mich auf mein gemütliches Sofa im Wohnzimmer. Fieberhaft fange ich zu überlegen an, welche arbeitsähnliche Tätigkeit ich an diesem Morgen schon verrichtet habe.

Ist Kaffee kochen schon Arbeit? Reicht es für ein Unglück? Ich beruhige mich.

Erstens hat den größten Teil der Arbeit sowieso die Kaffeemaschine übernommen, zweitens wurde ich dadurch von keinem Vergnügen abgehalten, sondern habe nur die Vorbereitungen für ein Genusserlebnis getroffen. Und den heutigen Tag muss ich wohl oder übel dem Vergnügen und dem Genuss widmen, will ich nicht einem heimtückischen Unglück zum Opfer fallen.

Eine sichere Methode, der lauernden Arbeit zu entkommen, wäre, mich ins Bett zu legen und mindestens bis Mittag darin zu verweilen.

Jedoch ein Blick aus dem Fenster sagt mir, dass ich zu höherem Vergnügen berufen bin. Über Nacht hatte es ausgiebig geschneit und am Morgen aufgeklart. Nun lässt die Sonne den Schnee glitzern und funkeln.

Schifahren gehen, denke ich mir. Ein wohliger Schauer der Vorfreude fährt mir über den Rücken. Rasch erhebe ich mich aus dem Sofa. Als ich dann sportlich präpariert die Haustüre öffne, springt mein dicker, alter Kater an mir vorbei in Richtung Küche. Das riecht nach Arbeit!

Mein anspruchsvolles Haustier will gefüttert werden. Ich müsste die Futterschüssel von alten Futterresten befreien und neu füllen. Den Wasserbehälter reinigen und warten, bis sich das gute Tier gestärkt hat, um es dann wieder nach draußen zu entlassen. Der Feinschmecker ist kein echtes Haustier, sondern halb wild. Die meiste Zeit verbringt er im Freien.

Heute nicht, sage ich energisch zum Kater, ich kann schließlich nicht mein Leben aufs Spiel setzen. Hinaus mit dir! Das arme Tier erschrickt, versteckt sich unterm Sofa und ist nicht mehr bereit wieder hervor zu kommen.

Gut, dann bleibst du eben im Haus, beschließe ich, obwohl mir dieser Gedanke nicht gefällt.

Vor der Haustür erwartet mich das zweite Hindernis. Der Schnee liegt mindestens vierzig Zentimeter hoch und die Garagenausfahrt muss freigeschaufelt werden. Schneeschaufeln ist Schwerarbeit, auch wenn es die Vorstufe zu einem Vergnügen ist. Ob ich das riskieren kann?

Ich komme nicht mehr dazu eine Entscheidung zu treffen, weil aus dem Haus ein fürchterlicher Knall ertönt. Rasch will ich nachsehen, was passiert ist, aber merkwürdigerweise lässt sich die Haustüre nicht mehr öffnen. Irgend etwas Großes, Sperriges scheint dagegen zu drücken.

Am liebsten würde ich eine Leiter holen und versuchen, über den Balkon ins Haus zu gelangen, aber wäre das nicht ein enormer Aufwand an Arbeit?

Ich muss eine andere Lösung finden. Vielleicht sollte ich jemand von den Nachbarn bitten, mir zu helfen.

Ich steuere auf das Nachbarhaus zu. Leider bleibt mein Hilferuf ungehört, es ist niemand daheim. Auch beim nächsten und übernächsten Nachbarn klingle ich umsonst. Völlig ratlos stapfe ich in meinen Garten zurück. Sollte ich jemanden anrufen? Einen Freund? Die Feuerwehr?

Während ich überlege, an wen ich mich in meiner Not wenden könnte, kommt mir meine Situation plötzlich unwahrscheinlich lächerlich vor. Ich beschließe etwas zu tun.

Einfach ist es nicht, zu vergessen, dass mir ein Unglück bevorstehen könnte, wenn ich arbeite.

Aber die Arbeit wird mich ablenken.

Nachdem ich über den Balkon in mein Haus eingedrungen bin, sehe ich nun die Auswirkungen der nicht eingehaltenen Horoskopbotschaft. Der Kater hat in Panik ein Regal umgerissen, und dieses ist genau vor die Haustür geknallt. Scherben von Blumentöpfen, Erde, zerbrochene Ziergegenstände liegen durcheinander verstreut. Im Wohnzimmer stinkt es verdächtig. Hatte er auch ein dringendes Bedürfnis?

Ich öffne ein Fenster und gehe in die Küche. Die Möbel sind zerkratzt und die Gardinen liegen samt Vorhangstange im Abwaschbecken. Für den Rest des Tages bin ich mit Arbeit eingedeckt. Auf dem Tisch liegt noch die aufgeschlagene Zeitung. Wieder nur ein Blick. LASSEN SIE SICH HEUTE NICHT VON DER ARBEIT ABLENKEN! DAS KÖNNTE UNGLÜCK BRINGEN.

Sollte ich diese Botschaft falsch verstanden haben? Wie dem auch sei, mir ist es jetzt nicht wichtig. Der Kater muss gefüttert werden.

erwachen

ich weiß nicht mehr
wann der aufbruch
begann
vielleicht war das lied
der amsel schon aus
dem schnee gewachsen
längst verfluchte ich die
kurzen kalten tage
doch jetzt konnte ich
die erde riechen
und deine haut
und hatte plötzlich angst
auch du würdest

erwachen

entwicklung

der boden passt
sich deinen schritten an
träge macht zieht
erdferne gedanken tief
unter sich
schmerzfunken ersticken
im keim
formbares überlebt
die feste scholle und
sucht sich wege
durch lichte halme
lehnt sich schwankend
an windnächte
lässt angst steifgefroren
hinter der eingangstür
zu meinem
wasserleben

Der Koffer

Es war einmal ein kleiner König. Er war nicht so reich, wie er zu sein glaubte, nicht so mächtig, wie seine Untertanen ihm weis machen wollten, und er war auch nicht schön.

Er war eben ein kleiner König.

Eines Tages musste er eine Reise in die Hauptstadt seines Landes antreten. Er wollte an einem persönlichkeitsstärkenden Seminar teilnehmen. Auf der Anmeldung stand: KÖNIGE ZUM ANGREIFEN - TRAUM ODER WIRKLICHKEIT? Nicht, dass den kleinen König die Aussicht angegriffen zu werden besonders reizte, nein, er musste nur, wie jeder normale Mensch auch, die Strömungen der Zeit erkennen und darauf reagieren.

Er packte seine Sachen, es waren mehr als sieben, in einen Lederkoffer. Prall gefüllt und schwer wurde der Koffer, denn der König hatte eine alte Ritterrüstung eingepackt. Man konnte ja nie wissen, wie das mit dem Angreifen gemeint war.

Der König schleppte den Koffer einseitig zum Bahnhof. In seinem Land war es so üblich, dass Herrscher mit dem Zug fahren mussten, während die Untertanen in Kutschen reisten. Die Züge waren meistens überfüllt, weil es mehr Könige gab als Kutschvolk. In der Bahnhofshalle kam man über Rolltreppen zu den richtigen Bahnsteigen.

Schief und keuchend stieg nun der König auf eine der rollenden Treppen. Er war schon bis zur Mitte gefahren, da rutschte ihm plötzlich der Koffer aus der Hand. Und als wäre das nicht schon Unglück genug, sprang dieser auch noch auf, und sein Inhalt polterte und schepperte über die Treppe in die Bahnhofshalle zurück. Gelächter und Spottrufe drangen an des Königs Ohr. Er versuchte, möglichst unbeteiligt zu wirken. Inzwischen war er am Ende der Rolltreppe angekommen. Er überlegte schon, ob er sich einfach aus dem Staub machen sollte, da kam eine Prinzessin auf ihn zu. Sie sagte, sie wolle ihm helfen und deutete mit dem Kopf nach unten. Der König sah gleich, dass sie eine echte Prinzessin war, denn sie hatte abgebrochene Fingernägel vom Arbeiten. Auf der Stelle verliebte er sich in sie.

Sie ergriff seine Hand und zog ihn nach unten. Der kleine König schämte sich. Er dachte, wenn die Prinzessin jetzt sähe, welcher Krimskrams aus seinem Koffer gefallen war, lache sie bestimmt über ihn. Die Könige in der Bahnhofshalle kümmerten ihn nun nicht mehr. Ihm war nur mehr die Prinzessin wichtig. Wie sollte er ihr die Ritterrüstung erklären? Auch die Unterhose, die mit boxenden Fröschen bedruckt war, lag bestimmt gut sichtbar auf dem Boden. Wahrscheinlich würde ihm die Prinzessin angewidert den Rücken zukehren und sich nie mehr blicken lassen.

Der Koffer war von gaffenden Königen umringt. Die Prinzessin und der kleine König mussten sich erst einen Weg bahnen. Der kleine König glaubte schon, vor Scham tot umfallen zu müssen, da geschah etwas Merkwürdiges. Der Koffer und sein verstreuter Inhalt verwandelten sich vor seinen Augen.

Die Ritterrüstung wurde das schönste Saxophon, das er je gesehen hatte, seine Unterwäsche wurde zu Notenblättern, Seife und Zahnbürste lösten sich überhaupt in Luft auf und der Koffer bekam eine längliche Form.

Der König war überglücklich. Er vergaß, dass er verreisen wollte. Am liebsten wäre er wie ein Frosch durch die Bahnhofshalle gehüpft. Er probierte es mit einem Heiratsantrag. Die Prinzessin sagte sofort ja, aber sie erwartete von ihm jeden Tag ein Lied auf dem Saxophon.

Zärtlich nahm der König die Hände mit den abgebrochenen Fingernägeln in die seinen und küsste sie.

Dann legte er das Saxophon behutsam in den Koffer.

Die Hochzeit wurde prunkvoll im kleinen Schlossgarten gefeiert. Siebzehn Gäste waren geladen. Vierzehn kamen tatsächlich.

Drei Wochen waren der kleine König und seine Gemahlin sehr verliebt. Er besuchte einen Saxophonkurs, war aber total unmusikalisch und stellte deshalb den Koffer bald in den Kleiderschrank.

Als die Königin merkte, dass er keine Lieder spielen konnte, bedauerte sie es, ihn geheiratet zu haben. Nachts träumte sie von einem Kutscher.

Der König regierte da und dort ein bisschen und nahm sich vor, seinen Koffer wieder aus dem Schrank zu holen und neu zu beginnen.

Leider kam er nie dazu, obwohl ihn seine Frau Gemahlin jeden Tag daran erinnerte, wenn sie verärgert von dem Vollkoffer redete, den sie angeblich geheiratet hatte. Die Jahre gingen dahin und heute weiß eigentlich niemand mehr, was aus dem Koffer geworden ist.

Schlingpflanzen

Immer wird sich ein Wassertropfen finden, um die Steine auszuhöhlen, meint die Großmutter und treibt mir ihren Blick mitten ins Herz.

In Sekundenschnelle wuchern mir Lügen von der Zunge. Sie schlängeln sich fest um meinen Hals, so dass ich schon Angst bekomme, sie wollen mich erwürgen. Panikartig reiße und zupfe ich an den Lügenpflanzen, aber je mehr ich dagegen ankämpfe, desto schneller wachsen sie. Es ist, als würde plötzlich eine unheilbare Krankheit über mich hereinbrechen und ich müsste dem Tod ins Angesicht schauen.

Unverständlich ist mir nur, wie die Großmutter so gelassen dabei zusehen kann. So als ginge es nicht um mich, ihre einzige Enkelin. Erkennt sie die Gefährlichkeit dieser Situation nicht?

Ich bin bestimmt schon blau im Gesicht vor Atemnot.

Siehst du nicht, flehe ich mit meinen Augen, wie ich leiden muss! Ich soll dein Hoffen in die Zukunft tragen, hast du gesagt. Und jetzt ersticke ich an meinen eigenen Lügen, wenn du mir nicht hilfst.

Sie rührt sich nicht. Steht mit ihren wunden Kniegelenken auf ihrem Recht und gibt nicht nach.

Sonst ist sie groß im Helfen, das wissen alle im Dorf. Gekrümmten, schiefen Menschen lehrt sie eine aufrechte Haltung , denen, die

verlernt haben zu reden, schiebt sie Worte zwischen die Zähne,
Geschlagenen und Gestolperten hilft sie mit Heilsalben.

Nur jetzt sieht sie seelenruhig zu, wie ich krepiere. Ich kann ihren
Blick nicht mehr ertragen.

Er zerstückelt mir das Herz.

Mit letzter Kraft fange ich an, die Pflanzen in meinen Mund
zurückzuschieben und aufzuessen. Da lockern sich die Stängel
und Blätter.

Ich esse schneller, bis mein Hals frei ist. Zuversichtlich atme ich
meiner Befreiung entgegen.

Mit jedem Atemzug verstehe ich den Blick der Großmutter besser.

Ich reiche ihr meine Hand und führe sie in den Garten. Dort zeige
ich ihr alle Steine, die nicht hohl sind.

Loslassen

Mutig hast du die Tür geöffnet
und deine Kindheit mitgenommen

das Loslassen hat eigentlich schon lange
vor dem Abschied begonnen

als du dich das erste Mal
mit erhitztem Kopf und einem lauten
trotzigen „Nein"
vor mir aufgerichtet hast
habe ich es schon geahnt

aber an den Abschied habe ich gedacht
wie an ein fernes Land in das ich nie reisen werde

vielleicht kommst du zurück
habe ich manchmal gehofft
du bist zurückgekommen
jedoch nur um deine Bücher und CDs abzuholen

ich bewundere deine Stärke
mutig hast du die Tür geöffnet
und deine Kindheit mitgenommen

sie soll dir eine Säule sein, etwas Festes, Beständiges
das dir Halt gibt
wenn du dir deinen Platz in der Welt suchst

auffallen
unter fallenden
ist mir lieber
als fallen
unter
fall

ende